Organização:
Amanda Cunha e Mello Smith Martins
Francisco Cavalcante de Sousa
Jessica Guedes

coletânea de artigos

Tendências atuais
de DIREITO DIGITAL

~ 2022 ~

Autores e autoras:

Aline Klayse dos Santos Fonseca
Amália Batocchio
Amanda Cunha e Mello Smith Martins
Bianca Medalha Mollicone
Carolina Xavier Santos
Francisco Cavalcante de Sousa
Heloisa Bianquini
Isadora de Cássia Fornari Chuele
Letícia Redis Carvalho
Lucas da Silva São Thiago

Marcos Vinicius Ottoni
Maria Gabriela Grings
Paula Guedes Fernandes da Silva
Paulo Emílio Dantas Nazaré
Pedro Henrique Nishioka
Ricardo Campos
Ricardo Canavan Martins Junqueira
Samuel Rodrigues de Oliveira
Tatiana Bhering Roxo
Tatiana Stroppa
Torben Maia

Legal
Grounds
institute

Legal
Grounds
institute

**Legal
Grounds**
institute

LEGAL GROUNDS *INSTITUTE*
São Paulo, 2023

Direção institucional
Juliano Maranhão
Ricardo Campos

Coordenação
Bianca Medalha Mollicone

Consultores

Indra Spiecker   Matthias Kettermann
Giovanni Sartor   Tercio Sampaio Ferraz Junior
Thomas Vesting   Vanessa Boarati
Steffen Augsberg   Eugênio Bucci
Heloisa Estellita   Domingos Farinho

Pesquisadores

Amalia Batocchio
Amanda Cunha e Mello Smith Martins
Jessica Guedes
Maria Gabriela Grings
Roberto Bornhausen
Samuel Rodrigues de Oliveira
Tatiana Bhering Roxo

Assistente
Francisco Cavalcante de Sousa

Estagiários
Lucas São Thiago
Pedro Henrique Nishioka

Diagramação
Francisco Cavalcante de Sousa
Amanda Cunha e Mello Smith Martins

Nota da organização

—

O Legal Grounds *Institute* reúne advogados, pesquisadores e professores, e tem como principal objetivo promover estudos voltados à intersecção entre o Direito e as Novas Tecnologias, desde a proteção de dados pessoais até a liberdade de expressão.

Nessa toada, ao longo de 2022, os pesquisadores e pesquisadoras vinculados ao Instituto produziram uma série de artigos e textos com o propósito de analisar os principais debates jurídicos envolvendo as tecnologias digitais no Brasil e no mundo.

Os artigos produzidos foram publicados na "Coluna Direito Digital", iniciativa do Instituto em parceria com o portal Conjur (Consultor Jurídico), e, em seu conjunto, representam um retrato assertivo das pautas mais relevantes surgidas no decorrer do ano.

Esta obra é, portanto, o conjunto dos artigos publicados na Coluna, e representa a primeira edição do anuário do Legal Grounds *Institute*. Assim, esperamos que, ano a ano, seja possível acompanhar o conhecimento construído pela nossa equipe de pesquisadores, e fazer com que ele chegue a um número cada vez maior de pessoas.

A organização

Sobre o Legal Grounds Institute

Think tank voltado à proteção de dados pessoais e privacidade na cultura do algoritmo. Estudos sobre políticas públicas para a comunicação social, novas mídias, tecnologias digitais da informação e proteção de dados pessoais, buscando ajudar na construção de uma esfera pública orientada pelos valores da democracia, da liberdade individual, dos direitos humanos e da autodeterminação informacional, em ambiente de mercado pautado pela liberdade de iniciativa e pela inovação. Para saber mais, acesse: https://institutolgpd.com/

Sobre os organizadores

Amanda Cunha e Mello Smith Martins

Bacharel, Mestre e Doutoranda em Direito Internacional Privado pela Faculdade de Direito da Universidade de São Paulo. Advogada, sócia fundadora do escritório Smith Martins Advogados, com atuação na área cível, em especial em demandas envolvendo direito à saúde, proteção de dados e direitos do consumidor. Chanceler do Consulado de Mônaco em São Paulo desde 2016, e Tesoureira da Associação Mônaco Brasil Invest (AMBI), a qual atua como câmara de comércio entre os dois países, e pesquisadora do Legal Grounds *Institute*

Francisco Cavalcante de Sousa

Graduando em Direito na Universidade do Estado do Rio Grande do Norte (UERN), pesquisador do Observatório do Direito à Educação na Universidade de São Paulo (USP), membro-pesquisador do Grupo de Estudos e Pesquisa em Direitos Humanos, Desenvolvimento e Cotidiano (UERN) e discente colaborador do Núcleo de Pesquisa em Memória Institucional e Direito à Informação (MIDI), foi bolsista de Iniciação Científica do Programa Institucional de Bolsas de Iniciação Científica (PIBIC/CNPq). É estagiário no Legal Grounds *Institute* e na Defensoria Pública da União (DPU). Representa o Brasil no One Young World pela Comissão Europeia, Brazil Conference at Harvard & MIT e Cúpula das Américas.

Jessica Guedes

Mestranda em Direito pela Universidade de Brasília (UnB). Especialista em Direito Constitucional pelo Instituto Brasiliense de Direito Público (IDP) e Graduada em Direito pela mesma Instituição. Advogada. É pesquisadora do Legal Grounds *Institute*.

Nota dos diretores

As novas tecnologias de informação ao transformar e criar novas formas de comunicação individual e coletiva, redimensionam e reconfiguram a infraestrutura sobre a qual se constrói a esfera pública democrática. Para que os valores democráticos e de liberdade individual prevaleçam nessa nova esfera, o Brasil enfrenta vários desafios em relação à regulação das comunicações, mídias e proteção de dados pessoais.

Desde sua fundação, o Legal Grounds Institute pretende enfrentar esses desafios, junto a organizações públicas e privadas, ambicionando criar arquiteturas jurídicas de regulação que assegurem os valores democráticos e os direitos fundamentais.

Neste sentido, a presente coletânea de artigos a Direito Digital, do Legal Grounds Institute no Conjur, reúne as discussões mais atualizadas na área de Digital em andamento no Brasil, em especial, durante o ano de 2022. Para sua realização, a presente obra é fruto de profícuo trabalho e inquietações de pesquisadores e pesquisadoras das cinco regiões do país vinculados ao instituto.

Os diretores.

Ricardo Campos

Docente na Goethe Universität Frankfurt am Main (Alemanha), coordenador nacional de Direito Digital da OAB Federal/ESA Nacional, diretor do Legal Grounds Institute, sócio do Opice Blum, Bruno e Vainzof Advogados e ganhador do prêmio Werner Pünder sobre regulação de serviços digitais (Alemanha, 2021) e do European Award for Legal Theory da European Academy of Legal Theory (2022). Organizador do Grupo de Estudos em Novas Regulações de Serviços Digitais no Direito Comparado do Legal Grounds Institute.

Juliano Maranhão

Professor da Faculdade de Direito da USP. Membro do Comitê Diretor da Associação Internacional de inteligência Artificial e Direito. Diretor do Legal Grounds *Institute* e do Instituto Lawgorithm, Professor-visitante da Goethe Universitat Frankfurt am Main, Alemanha, com pós doutorado no Departamento de Ciência da Computação da Universidade de Utrecht, Holanda. Pesquisador associado do Center for Artificial Intelligence da USP, do Centro de Pesquisa Aplicada em Inteligência Artificial Recriando Ambientes (CPA IARA) e da Fundação Alexander von Humboldt, Alemanha.

Sobre os autores e as autoras

Aline Klayse dos Santos Fonseca

Doutoranda em Direito Civil pela Universidade de São Paulo (USP). Mestra e bacharela em Direito pela Universidade Federal do Pará (UFPA). Advogada. Professora do instituto federal do Pará (IFPA). Membro do Grupo de Estudos em Novas Regulações de Serviços Digitais no Direito Comparado do Legal Grounds *Institute*.

Amália Batocchio

Mestranda em Filosofia e Teoria Geral do Direito pela Faculdade de Direito da Universidade de São Paulo (USP), especialista em Business Economics pela Escola de Economia da Fundação Getúlio Vargas (FGV-SP) e pesquisadora do Legal Grounds *Institute*

Amanda Cunha e Mello Smith Martins

Bacharel, Mestre e Doutoranda em Direito Internacional Privado pela Faculdade de Direito da Universidade de São Paulo. Advogada, sócia fundadora do escritório Smith Martins Advogados, com atuação na área cível, em especial em demandas envolvendo direito à saúde, proteção de dados e direitos do consumidor. Chanceler do Consulado de Mônaco em São Paulo desde 2016, e Tesoureira da Associação Mônaco Brasil Invest (AMBI), a qual atua como câmara de comércio entre os dois países, e pesquisadora do Legal Grounds *Institute*

Bianca Medalha Mollicone

Advogada, Economista, Mestre em Administração pela Universidade Federal da Bahia (UFBA) e Doutoranda em Direito pela Universidade de São Paulo (USP). Pós-graduada em Gestão Empresarial pela Fundação Getúlio Vargas (FGV/RJ) e em Direito Tributário pelo IBET, com formação complementar em Negociação pelo Program on Negotiation da Harvard Law School, em Law & Economics pela Law School da Universidade de Chicago e em Compliance pelo INSPER. Sócia de Proteção de Dados e Compliance do Pessoa e Pessoa Advogados. Professora. Membro da Comissão Especial de Direito da Concorrência da Ordem dos Advogados do Brasil da Bahia (OAB/BA) e membro da Comissão Jurídica do Instituto Brasileiro de Governança Corporativa (IBGC).

Carolina Xavier Santos

Mestranda em Direito Constitucional pelas universidades de Lisboa e de Hamburgo, bacharel em Direito pela Universidade Federal de Minas Gerais (UFMG), pesquisadora no Legal Informatics Laboratory (DTI-BR) e advogada. Membro do Grupo de Estudos em Novas Regulações de Serviços Digitais no Direito Comparado, do Legal Grounds *Institute*.

Francisco Cavalcante de Sousa

Graduando em Direito na Universidade do Estado do Rio Grande do Norte (UERN), pesquisador do Observatório do Direito à Educação na Universidade de São Paulo (USP), membro-pesquisador do Grupo de Estudos e Pesquisa em Direitos Humanos, Desenvolvimento e Cotidiano (UERN) e discente colaborador do Núcleo de Pesquisa em Memória Institucional e Direito à Informação (MIDI), foi bolsista de Iniciação Científica do Programa Institucional de Bolsas de Iniciação Científica (PIBIC/CNPq). É estagiário no Legal Grounds *Institute* e na Defensoria Pública da União (DPU). Representa o Brasil no One Young World pela Comissão Europeia, Brazil Conference at Harvard & MIT e Cúpula das Américas.

Heloisa Bianquini

Doutoranda em Direito Econômico e Economia Política pela Faculdade de Direito da Universidade de São Paulo (USP). É também mestre em Filosofia e Teoria Geral do Direito e bacharel pela mesma instituição. Membro do Grupo de Estudos em Novas Regulações de Serviços Digitais no Direito Comparado, do Legal Grounds *Institute*.

Isadora de Cássia Fornari Chueire

Advogada, professora universitária de Direito Empresarial, pesquisadora, pós-graduada em Direito Empresarial pela Fundação Getúlio Vargas (FGV-Direito SP) e membro de grupos de pesquisa de inovação, mercados digitais e propriedade intelectual e membro do Grupo de Estudos em Novas Regulações de Serviços Digitais no Direito Comparado, do Legal Grounds *Institute*.

Letícia Redis Carvalho

Mestranda em Políticas Públicas pela Fundação Getúlio Vargas (FGV-SP), pós-graduada em Direito Digital pela Universidade do Estado do Rio de Janeiro (UERJ) e Instituto de Tecnologia e Sociedade (ITS-Rio), Bacharela em Direito pela Universidade de São Paulo (USP) e membro do Grupo de Estudos em Novas Regulações de Serviços Digitais no Direito Comparado, do Legal Grounds Institute.

Lucas da Silva São Thiago

Graduado em Direito pela Universidade Federal da Bahia (UFBA). Foi presidente da Associação Baiana de Defesa do Consumidor (ABDECON) no ano de 2019. Capitão da equipe de Direito da UFBA nas Olímpiadas do Conhecimento Jurídico (OCJ) em 2021. Estagiário do do Legal Grounds *Institute*.

Marcos Vinicius Ottoni

Coordenador geral jurídico da Confederação Nacional de Saúde (CNSaúde). Sócio fundador do Caldeira, Lobo e Ottoni Advogados. Graduado em Relações Internacionais pela Universidade de Brasília (UnB) e Direito pelo Centro Universitário de Brasília, Advogado e Mestre em Direito Constitucional pelo Instituto Brasiliense de Direito Público (IDP)

Maria Gabriela Grings

Mestre e doutora em Direito Processual pela Faculdade de Direito da Universidade de São Paulo (USP), bacharel em Direito pela Universidade Federal do Paraná (UFPR), pesquisadora do Legal Grounds *Institute* e advogada.

Paula Guedes Fernandes da Silva

Doutoranda em Direito pela Universidade Católica Portuguesa – Centro Regional do Porto (bolsista da Fundação para a Ciência e Tecnologia) e Mestre em Direito Internacional e Europeu pela mesma instituição; especialista em Direito Digital pelo Instituto de Tecnologia e Sociedade (ITS-Rio) em parceria com a Universidade do Estado do Rio de Janeiro (UERJ). Pesquisadora do grupo de pesquisa em Direito e Tecnologia (Legalite) da Pontifícia Universidade Católica do Rio de Janeiro (PUC-Rio) e Membro do Grupo de Estudos em Novas Regulações de Serviços Digitais no Direito Comparado do Legal Grounds *Institute*.

Paulo Emílio Dantas Nazaré

Doutor em Direito pela Universidade Federal do Rio Grande do Sul (UFRGS), Mestre e Bacharel pela Universidade de Brasília (UnB). Procurador do Estado do Rio Grande do Sul, Membro do Grupo de Estudos em Novas Regulações de Serviços Digitais no Direito Comparado do Legal Grounds *Institute*.

Pedro Henrique Nishioka

Graduando em Direito na Universidade de São Paulo (USP). Faz parte do grupo de debates competitivos "USP Debate", pelo qual participou de diversos torneios e foi semifinalista no campeonato nacional, Prêmio Castro Alves 2021. Atualmente, trabalha como estagiário nas áreas de Direito Antitruste e Proteção de Dados no escritório Opice Blum Advogados Associados. Estagiário do Legal Grounds *Institute*.

Ricardo Campos

Docente na Goethe Universität Frankfurt am Main (Alemanha), coordenador nacional de Direito Digital da OAB Federal/ESA Nacional, diretor do Legal Grounds *Institute*, sócio do Opice Blum, Bruno e Vainzof Advogados e ganhador do prêmio Werner Pünder sobre regulação de serviços digitais (Alemanha, 2021) e do European Award for Legal Theory da European Academy of Legal Theory (2022). Organizador do Grupo de Estudos em Novas Regulações de Serviços Digitais no Direito Comparado do Legal Grounds *Institute*.

Ricardo Canavan Martins Junqueira

Advogado, mestre em Ciências Jurídicas — Teoria do Estado e Direito Constitucional pela Pontifícia Universidade Católica do Rio de Janeiro (PUC-Rio) e membro da Comissão de Direito Digital, Proteção de Dados e Propriedade Intelectual da OAB/MG subseção Juiz de Fora. Membro do Grupo de Estudos em Novas Regulações de Serviços Digitais no Direito Comparado do Legal Grounds *Institute*.

Samuel Rodrigues de Oliveira

Doutorando em Direito pela Pontifícia Universidade Católica do Rio de Janeiro (PUC-Rio). Mestre e bacharel em Direito pela Universidade Federal de Juiz de Fora (UFJF). Especialista em Relações Internacionais pela Instituição de Ensino Damásio Educacional. Advogado no Opice Blum, Bruno e Vainzof Advogados Associados. Pesquisador no Núcleo Legalité, da PUC-Rio, no Legal Grounds *Institute*, no Centro de Justiça e Sociedade (CJUS) da FGV Direito Rio e no Centro de Estudos de Segurança e Cidadania (CESeC).

Tatiana Bhering Roxo

Mestre em Direito do Trabalho pela Pontifícia Universidade Católica de Minas Gerais (PUC/MG). Sócia do Barra, Barros e Roxo Advogados. Advogada nas áreas Trabalhista e Privacidade e Proteção de Dados Pessoais. Professora Convidada nos cursos de pós-graduação em Direito e Processo do Trabalho da Universidade Presbiteriana Mackenzie. Professora no curso de pós-graduação em Direito Digital e Advocacia Trabalhista na Pós ESA e pesquisadora do Legal Grounds *Institute*

Tatiana Stroppa

Doutora em Direito pelo Centro Universitário de Bauru - Instituição Toledo de Ensino, professora de Direito Constitucional e Processo Constitucional do Ceub-ITE, advogada e presidente da Comissão de Proteção de Dados da 20ª Subseção da OAB - Jaú. Membro do Grupo de Estudos em Novas Regulações de Serviços Digitais no Direito Comparado do Legal Grounds *Institute*.

Torben Maia

Doutorando em Direito Comercial pela Universidade de São Paulo (USP). Mestre em Direito Econômico e bacharel em Direito pela UFPB. Advogado com atuação em Direito Empresarial. Membro do Grupo de Estudos em Novas Regulações de Serviços Digitais no Direito Comparado, do Legal Grounds *Institute*.

Sumário

Prefácio: Legal Grounds *Institute* e a questão da tecnologia

Ricardo Campos

28 de janeiro de 2023

Martin Heiddeger, no ensaio "A questão da tecnologia[1]", se propõe investigar a tecnologia a fim de nos preparar para um "relacionamento livre" com ela. Para Heidegger, o problema da tecnologia não se refere à existência da tecnologia em si ou às formas que ela assume, mas sim nossa *orientação* para a tecnologia e a maneira como frequentemente acreditamos que os vários problemas decorrentes das inovações tecnológicas poderiam ser solucionados simplesmente tornando-as melhores.

Nossa relação com a tecnologia, segundo Heidegger, somente seria livre se for capaz de abrir nossa existência à essência da tecnologia. Vale recordarmos brevemente suas palavras:

> Assim, pois, a essência da tecnologia também não é de modo algum algo tecnológico. E por isso nunca experimentaremos nossa relação para com a sua essência enquanto somente representarmos e propagarmos o que é técnico, satisfazermo-nos com a tecnologia ou escaparmos dela. Por todos os lados, permaneceremos, sem liberdade, atados a ela, mesmo que a neguemos ou a confirmemos apaixonadamente. Mas de modo mais triste estamos entregues à tecnologia quando a consideramos como algo neutro; pois essa representação, à qual hoje em dia especialmente se adora prestar homenagem, nos torna completamente cegos perante a essência da tecnologia.

Embora as palavras do filósofo alemão remetam[2] ao ano de 1953, elas não poderiam se fazer mais atuais. Parece cada vez mais impossível resistir às

---

[1] Heiddeger utiliza o termo "Technik", do alemão, que pode ser traduzido para o português como "tecnologia" ou "técnica". Optarei, aqui, pelo primeiro.

[2] O ensaio *"A questão da técnica"* (*Die Frage nach der Technik*) é baseado em uma conferência proferida por Heidegger em 1953, em Munique, fazendo parte de um ciclo de conferências promovido pela Academia Bávara de Belas Artes. O texto foi publicado no ano seguinte.

inovações tecnológicas. Assim como parecem recorrentes e repetitivos os discursos sobre a neutralidade da tecnologia. Muitos ainda se apegam à noção de que os perigos decorrentes do uso constante de sistemas de *big data* e IA seriam resolvidos com mais dados, com o emprego de sistemas mais complexos, com "mais tecnologia". Mas muitos também têm entendido que pensar a tecnologia envolve mais do que compreender como funcionam algoritmos e processos lógicos: é preciso repensar toda a estrutura normativa da sociedade (em seu sentido mais amplo) e a posição que as novas tecnologias ocupam ou deveriam ocupar em nossas vidas. Gostaríamos de acreditar que nós, do *Legal Grounds Institute*, encontramo-nos no segundo grupo.

Tanto é que, desde 2021, temos estudado e promovido debates – tanto a nível nacional quanto internacional – sobre novas mídias e tecnologias digitais e os direitos a elas correlatos, buscando cooperar para a construção de uma sociedade orientada pelos valores democráticos, pela promoção da liberdade individual e da autodeterminação informativa, pelo respeito aos direitos humanos e à livre iniciativa e pela busca por inovação. Esta obra, a primeira lançada oficialmente por nosso Instituto, é mais um passo que damos nessa direção.

Aqui, reunimos trabalhos publicados na Revista Consultor Jurídico (Conjur) ao longo de 2022, de autoria de pesquisadoras e pesquisadores voluntários, vinculados ao Legal Grounds *Institute* e/ou participantes do Grupo de Estudos sobre Novas Regulações de Serviços Digitais no Direito Comparado. Por mais que abordem diferentes assuntos, sob distintos pontos de vista, o fio condutor de todos os artigos é o mesmo: a inquietação por uma relação verdadeiramente livre com a tecnologia. Para nós, o direito é o caminho de escolha para atingir esse objetivo. Propomo-nos, assim, a repensar o direito, para que não funcione apenas "como um pensamento posterior, como um sistema *downstream*"[3]; ao contrário, acreditamos que o direito pode funcionar como uma "*sandbox* experimental" ou "laboratório de conhecimento", fornecendo um espaço flexível de teste, revisão e reflexão para novas visões, teorias e abordagens jurídico-sociais, que sempre leve em consideração os novos contextos de uma sociedade em constante mudança.

Tomando emprestadas uma vez mais as palavras de Heidegger: *"o questionar constrói um caminho. Por isso é aconselhável, sobretudo, atentar para o caminho* [...]"[4]. Ao propormos repensar e questionar as estruturas tradicionais do direito, o que pretendemos, em última instância, é construir um caminho no qual as inovações tecnológicas não nos façam prisioneiros, mas sim pessoas cada vez mais livres para perseguir os valores e propósitos nos quais acreditamos. Ao longo de nossa (relativamente breve) existência quanto Instituto, sempre procuramos, assim como assinalou Heidegger, nos atentar para o caminho. Por essa razão, apresentamos a presente coletânea. Que seja uma excelente leitura!

---

[3] LUHMANN, N.. Das Recht der Gesellschaft. Frankfurt am Main: Suhrkamp, 1993. p. 197.
[4] HEIDEGGER, M. Die Frage nach der Technik. In: **Von Herrmann**, F. *Vorträge und Aufsätze*). 2a. ed. Tübingen, Günther Neske Pfullingen, 1959. Tradução nossa.

Nas mãos do Supremo, a chance de impedir a consolidação do homem de vidro

Samuel Rodrigues de Oliveira

22 de fevereiro de 2022

Novidade para poucos, o Decreto presidencial 10.046, de 2019, dispõe sobre a governança no compartilhamento de dados no âmbito da administração pública federal, instituindo o chamado "Cadastro Base do Cidadão" e o "Comitê Central de Governança de Dados". O seu escopo é estabelecer normas e diretrizes para o compartilhamento de dados entre os órgãos e as entidades da administração pública federal direta, autárquica e fundacional e os demais Poderes da União.

Ponto central do Decreto, o Cadastro Base do Cidadão é uma espécie de "cadastro geral nacional", que corresponde a um verdadeiro *data lake* (posto que a expressão *data pool* revelar-se-ia um tanto quanto redutiva) a ser usufruído livremente pela administração pública. Nos termos do seu art. 16, o Cadastro tem, dentre outras, as finalidades de aprimorar a gestão de políticas públicas, viabilizar a criação de meio unificado de identificação do cidadão, realizar o cruzamento de informações das bases de dados cadastrais oficiais a partir do número de inscrição do cidadão no CPF e *facilitar o compartilhamento de dados cadastrais do cidadão entre os órgãos da administração pública*. Trata-se, trocando em miúdos, da criação de um sofisticado sistema de controle, baseado no tratamento de dados pessoais dos cidadãos, aos quais diferentes órgãos do governo terão acesso (quase) livremente.

Nas últimas décadas, pudemos observar a expansão dos sistemas de vigilância, sobretudo os baseados em dados pessoais, tanto em nome da luta contra o terrorismo (a nível global) ou contra a violência urbana (se pensarmos no contexto brasileiro, por exemplo), quanto em nome da eficiência econômica (mais dados geram melhores serviços, *etc.*), tanto no âmbito privado quanto público. O ponto é que essa expansão, por ter como pressuposto a coleta massiva de dados pessoais, torna concreta a metáfora do "homem de vidro" (tradução literal da expressão alemã *Gläserner Mensch*)[5], o cidadão sempre visível para os detentores do poder político e econômico, e que seria, na realidade, "o verdadeiro cidadão

---

[5] A expressão Gläserner Mensch, que também pode ser traduzida como "homem transparente", remonta aos anos 1920, quando o Museu Alemão de Higiene, em Dresden, começou a utilizar modelos anatômicos feitos de plástico transparente.

desse novo mundo"[6]. Nas palavras de Stefano Rodotà, a imagem do homem de vidro é "uma imagem que, não por acaso, provém diretamente do tempo do nazismo e que propõe uma forma de organização social profundamente alterada, uma espécie de transformação irrefreável da 'sociedade da informação' em 'sociedade da vigilância'".

A metáfora do homem de vidro, em outras palavras, simboliza a ideia de um Estado que pode (ou quer) inteirar-se completamente da vida das pessoas, de modo que seus jurisdicionados não possuem o *status* de cidadãos, mas de súditos[7]. As consequências desse fenômeno são "dramáticas para as pessoas e destrutivas para a democracia"[8], pois "se uma pessoa deseja preservar uma esfera mínima de privacidade e intimidade, e deseja que ninguém saiba certas informações sobre si mesma, ela se torna, segundo o Estado, 'alguém que tem algo a esconder' e automaticamente torna-se um suspeito, um 'inimigo do povo'". Tal lógica é típica dos regimes totalitários e, portanto, contrária à própria essência da democracia[9].

Não é coincidência, aliás, que o termo *Gläserner Mensch* tenha vindo à tona durante a discussão sobre a Lei do Censo Alemã de 1982, quando Friedrich Graf v. Westphalen publicou o artigo intitulado "A caminho de nos tornarmos cidadãos transparentes? A Lei do Censo de 1982"[10]. Naquele contexto histórico e cultural, os alemães viram-se assombrados pela experiência vizinha de uma "burocracia eficiente de vigília comportamental, baseada no processamento computacional de dados dos cidadãos, em nome de uma 'Segurança do Estado' (*Staatssicherheit*) cujos contornos não eram bem definidos"[11].

Quarenta anos atrás, portanto, já existia a preocupação de que a ausência de salvaguardas contra a má utilização de dados pessoais por parte do Estado poderia implicar violações a uma série de direitos, sobretudo os direitos à privacidade e à autodeterminação informativa. Segundo Westphalen, não havia garantia de que o Censo de 1982, nos moldes que Governo alemão pretendia que ocorresse, não seria apenas um meio de, através do emprego da computação, consolidar a figura do homem de vidro. Hoje, não nos parece haver quaisquer motivos para acreditar que o Decreto 10.046/19 resultará em qualquer coisa senão a total transparência do cidadão.

À época, a acertada decisão do tribunal constitucional da (então) Alemanha Ocidental, em firme reação contra o "controle indiscriminado" da vida privada por

---

[6] RODOTÀ, S. A vida na sociedade da vigilância. Rio de Janeiro: Renovar, 2008., p. 113.

[7] RODOTÀ, S. Democracia y protección de datos. Cuadernos de Derecho Público, maio, 2011.

[8] Id., ibid.

[9] Id., ibid.

[10] Tradução livre. Ver: GRAF V. WESTPHALEN, F. Auf dem Weg zum gläsernen Bürger?: das Volkszählungsgesetz 1982. Die neue Ordnung, v. 37, n. 2, 1983.

[11] CAMPOS, R.; MARANHÃO, J. A divisão informacional de Poderes e o Cadastro Base do Cidadão. JOTA Info, 18 out. 2019. Disponível em: https://tinyurl.com/2cy2sf2a. Acesso em: 22 fev. 2022.

meio de uma "inteligência informacional", cunhou o direito fundamental à autodeterminação informativa. Entendeu-se, novamente nas palavras de Westphalen, que o direito das pessoas à proteção de seus dados pessoais deve ter um valor maior que a curiosidade do Estado. Ademais, seguindo a tradição das constituições democrático-liberais do pós-guerra de vincular um regime de liberdades fundamentais dos cidadãos "a um regime organizacional de competências e atribuições, evitando a concentração de poder, a pioneira decisão pioneira já apontou para a necessidade de reconceituação da divisão de poderes na nova sociedade da informação"[12].

Isso implica que, seguindo a lógica da *divisão informacional dos poderes*, a finalidade de coleta e processamento de dados pessoais por parte de determinado órgão público deve circunscrever-se à estrita definição de sua competência legal, sendo vedado (via de regra) o desvio de finalidade do tratamento desses dados, ainda que dentro da própria Administração Pública[13]. Spiros Simitis alerta para o perigo de que, em um contexto no qual o controle da informação se confunde com o próprio conceito de poder, a administração pública e o Estado se tornem uma "unidade informacional"[14].

Nesse perspectiva, importante apontar ainda que, sob o regime do capitalismo de vigilância[15], as pessoas não cedem seus dados por escolha ou obrigação, mas sim por ignorância ou por causa da falta de alternativas viáveis. Nesse processo de extração de dados, o "poder instrumentário" se vale do aparato digital, que é contínuo, autônomo, onipresente, para alimentar os interesses do capital[16], o que é tanto almejado quanto compartilhado pelos entes públicos (sobretudo aqueles com tendências totalitárias), que passam a se valer das técnicas e ferramentas desenvolvidas por corporações do ramo da tecnologia para a vigilância de seus cidadãos. Tudo isso fortalece o poder de vigilância dos Estados e corporações[17], ao mesmo tempo em que enfraquece as bases democráticas e torna exangue nossa subjetividade.

O debate que se deve travar em torno da constitucionalidade do Decreto 10.046/19 é, inclusive, mais complexo do que nos damos conta à primeira vista.

---

[12] Id., ibid.

[13] O princípio da finalidade não é absoluto. Os dados pessoais recolhidos uma vez para determinados fins podem, sob certas condições, ser (posteriormente) processados para outros fins. O critério decisivo é a compatibilidade. A finalidade original e a nova finalidade não devem ser incompatíveis. (CAMPOS, MARANHÃO, op. cit.).

[14] SIMITS, S. Die informationelle Selbstbestimmung – Grundbedingung einer verfassungskonformen Informationsordnung. NJW, 1984, 398, p. 403.

[15] ZUBOFF, S. The age of surveillance capitalism. New York: Public Affairs, 2019.

[16] Id., ibid.

[17] O monitoramento e o controle ininterruptos de cada passo da vida das pessoas, realizados tanto pelo Estado quanto por entes privados, não são uma coincidência, projetos individualmente pensados e que, por acaso, possuem um fim em comum. São, na realidade, a concretização do chamado capitalismo de vigilância, causa e efeito da sociedade de vigilância.

Para além das patentes violações ao direito à privacidade e à autodeterminação informativa (que poderiam, aqui, ser resumidos no direito à proteção de dados, já reconhecido como um direito fundamental no ordenamento jurídico brasileiro), outros direitos e princípios basilares do Estado Democrático de direito são afetados pelo decreto. Por exemplo, com a ânsia do Estado por todos os dados pessoais possíveis de seus cidadãos, que nada mais é que a busca por um "direito geral à verdade"[18] (*qual* verdade?), a própria ideia de *nemo tenetur se detegere* resta esvaziada. Nesse mesmo sentido, Frank Pasquale[19] afirma que devemos reclamar nosso direito à presunção de inocência: pode ser que não possamos impedir a coleta de nossos dados pessoais, mas devemos ao menos tentar regular a maneira como são utilizados.

O caminho trilhado pelo governo brasileiro, via Decreto e com a criação do Cadastro Base do Cidadão, um verdadeiro *data lake* a ser livremente usufruído pelos órgãos da administração pública, vai na contramão da salvaguarda de garantias e direitos do regime de proteção de dados moderno. Por um lado, colocando o indivíduo como refém da obscuridade por meio da qual a burocracia estatal pode interligar uma variedade de dados pessoais coletados em diversas esferas da administração pública, em nome de uma maior eficiência para políticas públicas que não foram previamente esclarecidas. Por outro, colocando em risco a própria democracia liberal, ao ignorar, no contexto da sociedade da informação, a divisão informacional de poderes e as consequências nefastas dessa ignorância para o livre desenvolvimento dos cidadãos.

A esta altura, resta claro que a vigilância, tal qual ocorre hoje, engendra novas relações de poder, que acabam por afetar até mesmo a construção da subjetividade individual e, consequentemente, da sociedade como um todo. Frente às inovações tecnológicas, "hoje muito mais que ontem necessitamos de uma reflexão contínua sobre os valores básicos da democracia, para distinguir entre os muitos usos da tecnologia que são democraticamente admissíveis e os que não são"[20]. Somente com a regulação adequada — *i.e.*, mais restrita — das novas tecnologias de vigilância e com o respeito à divisão informacional dos poderes será possível impedir a consolidação da metáfora do homem de vidro, que resultaria na completa perda dos direitos à privacidade e à autodeterminação informativa.

Se a metáfora do homem de vidro pôde ser invocada adequadamente quando a Alemanha, no início da década de 1980, discutia a realização de um censo populacional que culminaria na criação de uma base de dados demasiada grande para ser confiável, hoje a metáfora parece revelar-se ainda mais apropriada. Quarenta anos atrás, sequer se vislumbravam as possibilidades do *big data*, e, mesmo assim, a decisão do Tribunal Constitucional Alemão foi vetar a coleta

[18] RODOTÀ, S. Il diritto alla verità. In: Il diritto di avere diritti. Bari: Laterza, 2012.
[19] PASQUALE, F. The black box society. Cambridge: Harvard University Press, 2015.
[20] RODOTÀ, 2013.

massiva de dados dos cidadãos alemães, e seu posterior processamento automatizado, dado o potencial mau uso daquelas informações. Imaginemos, então, os riscos que a coleta de dados pessoais operada mediante as novas tecnologias, somada ao compartilhamento desses dados entre diferentes órgãos da administração pública, traria.

Quem chegou até este ponto deste texto certamente percebeu semelhanças entre o contexto alemão, de quarenta anos atrás, e o brasileiro, de hoje. E, assim como o Censo de 1982, o Decreto 10.046/2019 foi questionado quanto à sua constitucionalidade. O Supremo Tribunal Federal julgará, nesta semana, a Arguição de Descumprimento Fundamental (ADPF) 695 e a Ação Direta de Inconstitucionalidade (ADI) 6.649, ambas versando sobre o Cadastro Base do Cidadão. Vimos nascer, há quatro décadas, aquele que viria a ser um dos direitos fundamentais de maior relevância para os indivíduos. Talvez o julgamento que irá se travar por aqui não adquira tamanhas proporções, mas nem por isso será menos importante. Em uma democracia, a existência do cidadão de vidro não é aceitável, tampouco tolerável. Nas mãos do Supremo, resta a possibilidade de quebrar, de uma vez por todas, essa figura.

Futuro da regulação das redes sociais: olhar para o debate europeu

Aline Klayse dos Santos Fonseca, Paulo Emílio Dantas Nazaré, Maria Gabriela Grings, Tatiana Bhering Roxo e Samuel Rodrigues de Oliveira*

30 de março de 2022

O texto foi produzido por integrantes do Grupo de Estudos de Novas Regulações de Serviços Digitais no Direito Comparado, iniciativa conjunta do Legal Grounds Institute, do Grupo de Estudos em Proteção de Dados da Universidade Federal do Rio Grande do Sul (UFRGS) e do Laboratório de Inovação e Direito da Universidade de São Paulo (USP).

Muito se tem falado sobre a decisão do ministro Alexandre de Moraes que determinou o bloqueio do aplicativo Telegram no território nacional, fixando, inclusive, multa diária de R$ 100 mil para usuários que tentassem descumprir a ordem judicial.

A decisão foi proferida em decorrência da conduta da plataforma de se recusar a dar cumprimento a decisões judiciais e a estabelecer procedimentos de moderação de conteúdo para evitar a difusão de atividades ilícitas no seu ecossistema digital. O atual debate no contexto europeu sobre duas novas propostas legislativas, conhecidas como *Digital Services Act (DSA)* e *Digital Markets Act (DMA)*, pode oferecer novas perspectivas fundamentais para o enfrentamento dos diferentes riscos relacionados às atividades das plataformas digitais no Brasil.

O afã da regulação digital na União Europeia avança no ideal de construir as bases normativas para o futuro digital da Europa e, até mesmo, do mundo se as iniciativas legislativas europeias influenciarem outras nações com a mesma intensidade que se logrou fazer com o *General Data Protection Regulation (GDPR)*, o que, no direito brasileiro, resultou na edição da LGPD (Lei Geral de Proteção de Dados).

Por meio da proposta do regulamento dos serviços digitais, chamado de *Digital Services Act (DSA)*, apresentada em 15 de dezembro de 2020, a Comissão Europeia busca estabelecer regras harmonizadoras sobre a prestação de serviços intermediários na União Europeia, visando a elevar o nível de proteção dos direitos fundamentais no ambiente digital, conferir maior segurança jurídica e aprimorar o funcionamento do mercado comum europeu, já que aborda os riscos sistêmicos que surgem com os serviços digitais, notadamente com as plataformas online.

É de se notar que, antes da proposta do DSA pela Comissão Europeia, alguns Estados-Membros editaram leis para regulação do ambiente digital, versando sobre atuação das plataformas online como intermediárias em relações de mercado, discurso de ódio, desinformação, ou, ainda, violações aos direitos autorais.

Um bom exemplo da fragmentação do cenário regulatório europeu sobre serviços digitais se observa na promulgação da Lei Alemã para a Melhoria da Aplicação da Lei nas Redes Sociais, a *Netzwerkdurchsetzungsgesetz (NetzDG)*, ou da *Kommunikationsplattformen-Gesetz (KoPl-G)*, lei federal que dispõe sobre medidas para proteção de usuários em plataformas de comunicação. Essa fragmentação regulatória pode ensejar insegurança jurídica, tendo em vista que os prestadores de serviços podem se submeter a diferentes regimes de responsabilidade, multas ou obrigações. Portanto, o DSA também anseia pela uniformização do panorama regulatório.

O DSA será aplicado aos intermediários que prestam serviços a destinatários cujo local de estabelecimento ou de residência se encontre na União Europeia, independentemente da localização geográfica dos prestadores desses serviços (artigo 1, 3, DSA). Sobre a aplicação do DSA, a Comissão de Assuntos Jurídicos do Parlamento Europeu emitiu parecer em 11 de outubro de 2021, dirigido à Comissão do Mercado Interno e da Proteção dos Consumidores, propondo alteração no artigo 1, para inserção do item 3-A, de modo que o regulamento seja aplicável também aos serviços de mensagens instantâneas utilizados para fins que não sejam privados ou não comerciais (alteração 79 do parecer).

Para alcançar os objetivos elencados pelo regulamento, foram avaliadas três estratégias principais, todas apresentadas no relatório de impacto que acompanha o DSA. A primeira opção consistiria na definição de obrigações procedimentais para as plataformas online, a fim de combater os atos ilegais perpetrados por seus usuários, incluindo a previsão de garantias para a proteção dos direitos fundamentais e o aumento da transparência, além de mecanismos de cooperação administrativa para permitir às autoridades a resolução de questões transfronteiriças por meio de uma Câmara de Compensação Digital, facilitando os fluxos de informação.

A segunda opção, para além das medidas da primeira estratégia, introduziria no mecanismo de cooperação e execução a nomeação de um Coordenador Central em cada Estado-Membro. A terceira opção iria além, incluindo obrigações específicas para as plataformas de grande dimensão, que se encontram em posição dominante no seu setor de atuação. Ao contrário do que se poderia imaginar, os componentes incluídos na terceira opção foram amplamente apoiados pelas partes interessadas, encontrando eco em atores-chave do Parlamento Europeu e dos Estados-Membros.

Desse modo, o DSA representa uma reforma do quadro jurídico da União Europeia em matéria de serviços digitais, que, atualmente, está assentado na Diretiva sobre o Comércio Eletrônico do ano 2000, desatualizada com o papel central que o ambiente digital exerce na sociedade atual. A iniciativa cria também uma estrutura sólida de governança para a supervisão eficaz dos prestadores de serviços intermediários, classificados em três grupos: i) serviço de «simples transporte»: consiste na transmissão, através de uma rede de comunicações, de informações prestadas por um destinatário do serviço ou na concessão de acesso a uma rede de comunicações; ii) serviço de «armazenagem temporária»: consiste na transmissão, através de uma rede de comunicações, de informações prestadas por um destinatário do serviço, que envolva a armazenagem automática, intermediária e temporária dessas informações, apenas com o objetivo de tornar mais eficaz a transmissão posterior das informações a outros destinatários, a pedido destes; e iii) serviço de «armazenagem em servidor»: consiste na armazenagem de informações prestadas por um destinatário do serviço a pedido do mesmo (artigo 2, f, DSA).

Um dos objetivos centrais do *DSA* consiste na neutralização ou mitigação das externalidades negativas geradas pelo funcionamento das plataformas digitais, que, apesar de terem facilitado o livre fluxo de bens e serviços de forma imensurável, tornaram-se também palco de difusão viral de *fake news*, *hate speech*, discursos antidemocráticos e xenófobos — em suma, de desinformação e atos criminosos em geral.

Para perseguir seus objetivos, o *DSA* adota como um dos seus focos o estabelecimento de procedimentos em torno da moderação de conteúdo pelas redes sociais. Inicialmente, registra-se que o *DSA* manteve o *mesmo* mecanismo do *notice and take down* ("notificação e retirada") da Diretriz sobre Comércio Eletrônico, ou seja, a plataforma apenas passa a ter responsabilidade pelos danos causados por informações geradas pelos seus usuários após ser notificada sobre o conteúdo potencialmente ilícito e não tomar providências imediatas para sua remoção. Todavia, o *DSA* vai além, inovando, ao prever um mecanismo de reclamação em duas etapas.

A lógica da moderação de conteúdo prevista seria a seguinte: primeiro, a parte prejudicada notifica a plataforma sobre o conteúdo que pretende ver removido da internet; segundo, a rede social decide manter ou retirar o conteúdo, nesta última hipótese caso considere que as alegações são verídicas e houve violação às regras das suas políticas e dos seus termos e condições de uso; terceiro, na hipótese de exclusão do material dito como ilícito,, seu autor será notificado sobre a decisão, que deverá ser devidamente fundamentada e tornada pública. Até aqui não se tem inovação procedimental decorrente do *DSA*, o que ocorrerá logo na sequência: caso o autor do conteúdo removido fique irresignado com a decisão e seus fundamentos, terá duas opções: poderá recorrer no âmbito de um sistema interno de reclamações, a fim de que seu caso seja reanalisado pela plataforma e uma nova decisão seja tomada; poderá submeter a controvérsia a um sistema de resolução extrajudicial de conflitos, no qual um organismo independente analisará o caso.

Importante registrar que as duas opções estão abertas ao autor do conteúdo removido, sendo que a utilização desses mecanismos não precisa ser consecutiva, de modo que o sistema de resolução extrajudicial de conflitos já pode ser acionado diretamente. Nesse ponto, a proposta tem sido criticada por não permitir que a vítima atingida pelos conteúdos potencialmente ofensivos tenha a possibilidade de acionar os mecanismos alternativos criados pelo *DSA*, de modo que, se as plataformas se negarem a remover as informações objeto de notificação, a vítima somente terá a opção de levar a discussão para os tribunais. Tal assimetria viola as previsões da Carta Europeia de Direitos Fundamentais, uma vez que não só a liberdade de expressão do autor se encontra garantida, mas também a privacidade do ofendido, que goza de igual *status* de direito fundamental.

Outro importante foco do *DSA* situa-se no estabelecimento de novos deveres de diligência a serem cumpridos pela plataforma a fim de que seja conferida ampla transparência a aspectos do seu modelo de negócios que hoje integram uma "caixa-preta", tal qual os critérios utilizados para o funcionamento dos algoritmos responsáveis pela moderação do conteúdo.

Além disso, o *DSA* estabeleceu regras específicas para as plataformas de grande dimensão, aquelas com mais de 45 milhões de usuários ativos, que precisarão cumprir obrigações como a contratação de auditoria independente para avaliação da sua conformidade às regras do *DSA* e aos Códigos de Conduta, bem como a avaliação e a atenuação de riscos sistêmicos significativos decorrentes do funcionamento e da utilização dos seus serviços, devendo, ainda, dar ampla transparência sobre os critérios utilizados pelos seus algoritmos para fins de recomendação de conteúdo e disponibilização de publicidade, estando sempre abertos à possibilidade de terem de conferir acesso aos dados necessários para controle e avaliação a respeito do cumprimento do *DSA*.

Tais inovações resultarão na oferta de um grande volume de informações não somente para os Coordenadores dos Serviços Digitais de cada Estado-Membro onde se situa a sede de uma plataforma digital, que serão os responsáveis pelo *enforcement* do *DSA*, mas também para especialistas e para o público em geral, uma vez que tais informações deverão ser tornadas livremente acessíveis na internet. Espera-se, assim, que as autoridades regulatórias passem a ter um conjunto de dados e conhecimentos especializados sobre o funcionamento das plataformas digitais, o que lhes permitirá uma melhor modelagem do modelo regulatório no futuro.

Em suma, não há como se debater o futuro da regulação das redes sociais sem lançar um olhar para o debate que vem ocorrendo desde dezembro de 2020 no contexto europeu em torno do *Digital Services Act (DSA)*, aqui apresentado, e do *Digital Markets Act (DMA)*, que será objeto de análise em artigo futuro desta coluna.

DMA: um mapa da área do debate regulatório

Heloisa Bianquini, Torben Maia, Maria Gabriela Grings, Tatiana Bhering Roxo e Samuel Rodrigues de Oliveira*

19 de abril de 2022

** O texto foi produzido por integrantes do Grupo de Estudos de Novas Regulações de Serviços Digitais no Direito Comparado, iniciativa conjunta do Instituto Legal Grounds, do Grupo de Estudos em Proteção de Dados da Universidade Federal do Rio Grande do Sul (UFRGS) e do Laboratório de Inovação e Direito da Universidade de São Paulo (USP).*

Após quase dois anos de acalorado debate, o Conselho da União Europeia e o Parlamento Europeu comunicaram em 25 de março deste ano[21] que atingiram um acordo político provisório favorável ao Digital Markets Act (DMA), uma legislação de caráter concorrencial, voltada a grandes plataformas, cujo objetivo declarado é tornar os mercados digitais mais justos e competitivos.

O DMA se insere no contexto do ambicioso pacote regulatório DMA/DSA: o DSA (Digital Services Act), por sua vez, visa a endereçar temas como moderação de conteúdo e contenção da disseminação da desinformação e consequente degradação de debate cívico. Este artigo tem como objetivo esboçar, de forma introdutória, um panorama das premissas, conceitos-chave e ambições presentes no Digital Markets Act, nos termos do texto que tem tramitado no Parlamento Europeu.

A União Europeia tem um histórico de protagonismo na definição da agenda regulatória no setor da tecnologia, como se pode observar pelas diversas jurisdições que se inspiraram no Regulamento Geral sobre a Proteção de Dados Pessoais (RGPD) para elaborar seus próprios regimes de proteção de dados, incluindo o Brasil[22]. O RGPD tem relevância mesmo nos países em que não serviu de inspiração, visto que, até mesmo por praticidade, muitas companhias transnacionais adotam o RGPD como parâmetro de conformidade para suas operações.

Portanto, conhecer os termos da controvérsia em torno do pacote DMA/DSA é fundamental para uma visão prospectiva do campo da regulação da tecnologia.

---

[21] Vide comunicado de imprensa do Conselho da União Europeia: https://www.consilium.europa.eu/en/press/press-releases/2022/03/25/council-and-european-parliament-reach-agreement-on-the-digital-markets-act/.

[22] MENDES, Laura Schertel; DONEDA, Danilo. Reflexões iniciais sobre a nova Lei Geral de Proteção de Dados. Revista de Direito do Consumidor, v. 120, n. 27, p. 469-483, 2018.

Importante frisar que o acordo recentemente firmado entre conselho e parlamento prevê que o texto será encaminhado para uma revisão final de caráter técnico. Assim, alguns pontos do DMA referenciados a partir do texto e dos recentes comunicados de imprensa do Conselho da União Europeia e do Parlamento Europeu[23], os quais antecipam algumas das modificações, podem ser alterados posteriormente.

O atual debate regulatório

O início do processo de digitalização da sociedade e, por consequência, da atividade econômica, ficou conhecido pela migração do mundo analógico para o virtual e pelo surgimento das primeiras empresas "pontocom"[24] em meados de 1990. Acompanhados da inovação tecnológica, novos desafios surgiram. Importante debate foi estabelecido sobre como os Estados deveriam tratar os problemas decorrentes de abuso de poder econômico dos agentes de mercado.

Sob a tese de que era preciso preservar a inovação e desenvolvimento tecnológico através da não intervenção estatal, autoridades antitruste tiveram uma atuação menos agressiva neste período no que se refere ao setor da tecnologia. Por um lado, houve o surgimento e desenvolvimento das plataformas digitais com atuação em diversos mercados, tendo elas se tornado grandes *players*, e em muitos mercados, o centro da economia digital.

Desse processo foi possível realizar a extração de uma série de eficiências do ponto de vista econômico, a exemplo da criação e melhoramento de diversos produtos e serviços, propagação de acesso à informação, maior e mais intenso intercâmbio de ideias entre outros. Por outro lado, fez surgir diversas externalidades negativas, a exemplo da concentração de mercado, imposição de barreiras à entrada de novos *players*, novas formas de desequilíbrio de poder[25] e abusos de posição dominante. Assim, o DMA busca assegurar uma postura de estímulo à concorrência e à contestação dentro desses ambientes digitais.

A União Europeia não está sozinha na tentativa de impor uma regulação sobre as plataformas digitais. A China editou um projeto que regula as atividades das grandes plataformas[26], enquanto o Reino Unido criou o Digital Regulation Cooperation Forum, um sistema que reúne as autoridades de proteção de dados

---

[23] Disponível em: https://www.europarl.europa.eu/news/en/press-room/20220315IPR25504/deal-on-digital-markets-act-ensuring-fair-competition-and-more-choice-for-users.

[24] Termo utilizado para se referir às empresas que utilizavam fortemente a internet para realizar venda e divulgação de seus produtos e/ou serviços nesse ambiente.

[25] EIFERT, Martin; METZGER, Axel; SCHWEITZER, Heike; WAGNER, Gerhard. Taming the giants: The DMA/DSA package. Common Market Law Review, v. 58, n. 4, p. 987-1028, 2021. Disponível em: https://kluwerlawonline.com/JournalArticle/Common+Market+Law+Review/58.4/COLA2021065.

[26] BROWN, Ian. China's new platform guidelines. Artigo, 2021. Disponível em: https://www.ianbrown.tech/2021/11/01/chinas-new-platform-guidelines/, acesso em 15/3/2022.

(Information Commissioner's Office, ICO), concorrencial (Competition Markets Authority, CMA), a de comunicação e de serviços financeiros para debater o tema. O subcomitê antitruste da Câmara dos Deputados dos EUA concluiu uma investigação de 16 meses sobre as operações comerciais das empresas do acrônimo Gafa (Google, Facebook, Amazon e Apple).

Conceitos-chave do DMA

Para compreender adequadamente o Digital Markets Act é necessário, em primeiro lugar, levar em conta o ineditismo de dois dos conceitos presentes na regulação, que visam a precisar os atores e serviços que se pretende atingir. O primeiro deles é o de "serviço essencial de plataforma", que compreende as seguintes atividades: serviços de intermediação *online*, mecanismos de busca, redes sociais, compartilhamento de vídeos, serviços de comunicações interpessoais, sistemas operacionais, computação em nuvem e serviços de publicidade oferecidos por um prestador de qualquer um dos serviços mencionados.

Outro conceito central cunhado pelo DMA é o de *gatekeeper* — isto é, um prestador de serviços essenciais de plataforma que, cumulativamente:

a) Tenha um impacto significativo no mercado interno — isto é, se o grupo ao qual pertence tiver faturamento anual na Europa igual ou superior a € 7,5 bilhões nos três últimos exercícios financeiros, ou se a capitalização de mercado do grupo for de pelo menos € 75 bilhões no último exercício, e prestar um serviço essencial de plataforma em, pelo menos, três Estados-membros;

b) Explore um serviço essencial de plataforma que sirva de porta de acesso importante para outras empresas chegarem a consumidores finais — isto é, que tenha mais de 45 milhões de consumidores finais ativos mensais, estabelecidos ou situados na UE, e mais de dez mil contas de usuários corporativos ativas anualmente, estabelecidas na UE, no último exercício financeiro; e

c) Ocupe uma posição "entrincheirada" em suas operações ou seja previsível que virá a ocupar tal posição em um futuro próximo — isto é, se os critérios do tópico "b" forem satisfeitos nos três últimos exercícios.

Observa-se, portanto, que o foco principal do DMA está em mitigar o que entende como manifestações excessivas de poder por parte dos *gatekeepers*, tidos como uma variedade do poder de mercado. A premissa do DMA é de que, no contexto do mercado digital, agentes econômicos do porte das *big techs* atuam como *gateways*, por serem plataformas que conectam as "pontas" de mercados de múltiplos lados.

O DMA e o conceito de mercado de múltiplos lados

O DMA tem como pressuposto o conceito econômico de mercado de múltiplos lados — desenvolvido principalmente pelos economistas Jean Charles Rochet e Jean Tirole[27] — e chega a mencioná-lo em sua exposição de motivos. Mercados de múltiplos lados são caracterizados por modelos de negócios altamente dependentes de externalidades de rede. Via de regra baseiam-se em alguma forma de intermediação entre suas "pontas" (em geral outras empresas, autônomos e consumidores finais), e o valor gerado decorre do aumento de eficiências para as transações, contabilizado pela cobrança de taxas ou mensalidades.

É importante compreender no que os mercados de múltiplos lados se diferenciam em relação aos mercados de um só lado. Enquanto os últimos possuem uma estrutura de preços linear, no qual um aumento necessariamente será repassado para o estágio seguinte de produção, no segundo a plataforma pode repassar aumentos ou diminuição de custos para qualquer uma das pontas, de acordo com sua estratégia de precificação.

Isto significa que o sucesso desses modelos de negócios depende necessariamente de obter o maior número de usuários possíveis em cada um de seus "lados" — fenômeno conhecido como externalidades positivas de rede. As externalidades positivas de rede são geradas a partir de uma redução da assimetria de informações entre as "pontas" do mercado. Plataformas de múltiplos lados atuam como "diretórios", que são úteis para seus usuários na medida em que possam conectá-los com a maior base possível de usuários da outra "ponta".

A tarefa de se regular mercados de múltiplos lados não é trivial, visto que a própria instituição de uma norma específica pode gerar custos de conformidade que a plataforma pode repassar para suas pontas a depender de sua estratégia de precificação. Os efeitos colaterais desse repasse podem ser imprevisíveis e deletérios, e muitas vezes as "pontas" que dependem das plataformas e recebem o repasse são micro e pequenos negócios, autônomos, e outros integrantes do ecossistema que podem ser significativamente atingidos.

O DMA leva isso em conta ao estabelecer requisitos cumulativos para caracterizar um *gatekeeper*. O objetivo implícito da regulação é atingir apenas as *big techs*, tidas como companhias que teriam alguma possibilidade de internalizar adequadamente os custos de conformidade. Entretanto, críticos apontam que critérios como número de usuários, faturamento e capitalização de mercado não

---

[27] ROCHET, Jean Charles; TIROLE, Jean. Two-Sided Markets: An Overview. Toulouse, France: 2004. Disponível em: https://web.mit.edu/14.271/www/rochet_tirole.pdf, acesso em 2/11/2020.

seriam necessariamente os melhores indicativos para se atestar poder de mercado em uma dada empresa[28].

Em um setor como o da tecnologia, que via de regra requer alto investimento em infraestrutura, uma empresa pode ter alto faturamento ao mesmo tempo em que está em uma posição instável quanto à geração de lucros, e ter diversos competidores na mesma posição. Da mesma forma, uma grande base de usuários é quase um pré-requisito de viabilidade no contexto de plataformas de múltiplos lados.

Ou seja, o fato de uma empresa ser "grande" não significa, necessariamente, que ela deterá uma fatia de mercado relevante vis-a-vis outros competidores, ainda mais considerando o enorme volume de negócios no setor da tecnologia. Portanto, o DMA tem um relevante questionamento a enfrentar, que é se de fato a regulação é desenhada para atingir seu objetivo declarado — aumentar a competitividade nos mercados digitais — ou se possui uma ambição inconfessada, como favorecer empresas de tecnologia europeias frente a atores mais competitivos.

Ambições e objetivos do DMA

O DMA parte da premissa de que as plataformas atuam como reguladoras do mercado, e seu propósito mais amplo, compartilhado com o DSA, é o de direcionar e equalizar as falhas produzidas nesses mercados de economia digital, através de uma abordagem transversal e complementar. Tanto o DMA quanto o DSA não consideram a concentração de mercados digitais como um processo inevitável, e buscam promover competição dentro desse ambiente.

Assim, o DMA tem como objetivo específico estimular a concorrência por meio e por dentro da plataforma, visando a prevenir a geração de externalidades negativas decorrentes do fato de que o *gatekeeper* está verticalmente integrado. A ideia é impedir o aproveitamento de vantagens existentes para outros mercados para evitar uma expansão contínua dos ecossistemas.

O DMA visa a equalizar a relação entre *gatekeeper* e os usuários corporativos dentro das plataformas, através de um conjunto de regras de conduta uniforme do tipo *one-size-fits-all*. Tais regras, sempre direcionadas aos *gatekeepers*, preveem uma série de remédios desenvolvidos inicialmente em precedentes referentes a tais plataformas, no âmbito do direito da concorrência tanto a nível da UE como a nível dos Estados-membros nos últimos anos. A intenção delas é reduzir o poder de mercado das plataformas e as assimetrias

---

[28] RADIC, Lazar. Final DMA: Now We Know Where We're Going, but We Still Don't Know Why. Competition Policy International, 2022. Disponível em: https://truthonthemarket.com/2022/03/25/final-dma-now-we-know-where-were-going-but-we-still-dont-know-why/, acesso em 28/3/2022.

informacionais, promovendo justiça competitiva entre *gatekeepers* e usuários de negócios.

Entre as vedações presentes no texto, o DMA proíbe a prática de *self-preferencing:* isto é, comportamentos por parte de plataformas de *e-commerce* para favorecer em *rankings* seus produtos e serviços em detrimento de terceiros que também utilizam a plataforma como canal de vendas. Também fica vedado o reuso de dados privados coletados em virtude da prestação de um serviço para uso em outro serviço, bem como exigências para que desenvolvedores se utilizem de certos serviços (como métodos de pagamento) para que seus aplicativos sejam listados em lojas de *apps*.

As regras propostas no DMA, embora inspiradas em precedentes europeus, ao mesmo tempo rompem com o paradigma do funcionamento do direito da concorrência — isto é, uma lógica de atuação estatal *ex post,* por meio da aplicação de remédios comportamentais e estruturais por parte das autoridades antitruste. As regras de conduta, por sua vez, funcionam em uma lógica de regulação *ex ante,* que visa responder aos desafios impostos por novos modelos de negócios, novos tipos de relacionamento e novas dinâmicas de mercados, que reconfiguraram de certa forma a própria estrutura da economia.

Assim, o DMA propõe a imposição de regras de conduta para *gatekeepers* em mercados digitais e visa fazer com que operações relevantes mas que fogem aos contornos do que normalmente ganha atenção da ótica concorrencial sejam levadas em conta, além de fornecer novas ferramentas às autoridades concorrenciais.

Contudo, a regulação *ex ante* é por si só um tópico bastante controvertido no campo da regulação da tecnologia. Os proponentes da abordagem *ex ante,* adotada no DMA, entendem que a imposição de regras de conduta a um dado setor da economia tem o potencial de antecipar e prevenir falhas de mercado. Enquanto isso, uma abordagem *ex post* teria a desvantagem de permitir que falhas de mercado ocorram e se consolidem.

Por outro lado, os contrários a uma regulação *ex ante* argumentam que a imposição de normas de conduta impede uma abordagem regulatória mais responsiva. Intervenções regulatórias *ex post,* por ocorrerem após a concretização de uma falha de mercado específica, dispõem de informações antes desconhecidas dos reguladores, como os custos dessa falha, externalidades negativas, permitindo que soluções e sanções sejam proporcionais ao dano e ao impacto ao mercado que foram efetivamente verificados[29].

A controvérsia entre regulação *ex ante* e *ex post* está longe de ser pacificada: muito pelo contrário, talvez esteja no cerne de todas as discussões regulatórias referentes ao setor de tecnologia, incluindo outros temas como moderação de

---

[29] MAKIYAMA, Hosuk-Lee; GOPALAKRISHNAN, Badri Narayanan. Economic costs of ex-ante regulations. ECIPE Occasional Papers, 2020. Disponível em: https://ecipe.org/publications/ex-ante/, acesso em 27/3/2022.

conteúdo, proteção de dados e inteligência artificial. Ao fim e ao cabo, pode-se refletir o quanto a opção por um ou outro tipo de instrumento e abordagem tem um pano de fundo normativo mais amplo.

O debate acerca da regulação de plataformas digitais acontece a nível global e desperta muitas paixões. A União Europeia, através do pacote DMA/DSA, larga na frente em matéria de adoção de atos e regulamento abrangentes sobre essa nova realidade da economia digital, a exemplo do que ocorreu recentemente na temática de proteção de dados pessoais, com o RGPD.

Por se tratar de uma regulação ainda em tramitação e, portanto, passível de alteração, é difícil construir prognósticos consolidados a respeito, visto que não se sabe como ficará o texto e, consequentemente, quais serão os impactos exatos da regulação. Sendo assim, é muito importante acompanhar o trabalho de construção da redação final, a qual certamente influenciará a regulação de mercados digitais no mundo todo, a exemplo do que aconteceu com relação ao RGPD.

A seção 230 do CDA e o artigo 19 do Marco Civil da Internet

Tatiana Stroppa, Letícia Redis Carvalho, Maria Gabriela Grings, Tatiana Bhering Roxo e Samuel Rodrigues de Oliveira*

04 de maio de 2022

O texto foi produzido por integrantes do Grupo de Estudos de Novas Regulações de Serviços Digitais no Direito Comparado, iniciativa conjunta do Instituto Legal Grounds, do Grupo de Estudos em Proteção de Dados da Universidade Federal do Rio Grande do Sul (UFRGS) e do Laboratório de Inovação e Direito da Universidade de São Paulo (USP).

Nos Estados Unidos, após a invasão do Capitólio em 2021 por apoiadores de Donald Trump, diversas redes sociais decidiram remover publicações e suspender a conta do ex-presidente estadunidense, considerando que ele as estava utilizando para fomentar o ódio e ameaçar a democracia no país[30]. No Brasil, algumas contas e publicações também foram removidas por plataformas como o Instagram, Twitter e Facebook. Em julho de 2020, 87 perfis e páginas do Facebook ligados a funcionários de gabinete do presidente Jair Bolsonaro foram removidas pela própria plataforma por estarem envolvidas na disseminação de desinformação[31].

Esses casos ilustram a capacidade das redes sociais para controlar a circulação de conteúdos e de informação na rede em tempo real, mesmo quando estão em cena agentes políticos que utilizam amplamente as plataformas[32] para a circulação de seus discursos e divulgação de suas condutas. Apesar de as justificativas envolverem, por exemplo, o necessário combate às fake news e aos discursos de ódio, a assimetria de poder entre essas grandes empresas tecnológicas, que têm milhões de usuários e operam sobre a lógica do

---

[30] CARVALHO, L.R. O banimento das contas de Donald Trump no Facebook e Twitter. Jota, 07 jan. 2021. Disponível em: https://www.jota.info/opiniao-e-analise/artigos/o-banimento-das-contas-de-donald-trump-no-facebook-e-twitter-07012021. Acesso em: 13/4/ 2022.

[31] Disponível em: https://g1.globo.com/economia/tecnologia/noticia/2020/07/10/veja-paginas-removidas-pelo-facebook-por-promoverem-desinformacao-e-que-foram-apontadas-em-investigacao.ghtml.

[32] Por exemplo: CELLAN-JONES, R. Como o Facebook pode ter ajudado Trump a ganhar a eleição. BBC, 12 nov. 2016. Disponível em: https://www.bbc.com/portuguese/geral-37961917. Acesso em 19/4/ 2022.

tratamento massivo de dados, da predição e modulação de comportamentos[33], e os usuários (mesmo os Estados soberanos) tem indicado para a necessidade de uma intervenção corretiva do Estado sobre as atividades de moderação de conteúdo que afetam direitos individuais e a própria democracia.

Nos Estados Unidos, a atividade de moderação de conteúdo por plataformas digitais é permitida e garantida pela Seção 230 do *Communications Decency Act* (*CDA*) de 1996; no Brasil, pelo artigo 19 do Marco Civil da Internet (Lei nº 12.965/2014, "MCI"). Ambos estão passando por processos de revisão e discussão legislativa, exatamente pela percepção de que as normas talvez já não sejam capazes de lidar com os desafios atuais de moderação de conteúdo e da responsabilização de plataformas digitais por suas atividades.

A Seção 230 do CDA é dividida em duas partes: Seção 1, que fixa que as plataformas não podem ser responsabilizadas por conteúdos de terceiros porque tais empresas não podem ser equiparadas a editores de conteúdos[34]; Seção 2, que concede imunidade para que as plataformas façam a moderação de conteúdos gerados pelos usuários quando considerem, de boa-fé, que há conteúdo obsceno, lascivo, imundo, excessivamente violento, assediante ou de outra forma censurável, seja ou não tal material protegido constitucionalmente.

Como explicado por Jeff Kosseff[35], a concessão de imunidade aos provedores de Internet teve por objetivo evitar que estes fossem considerados editores ou criadores do conteúdo veiculado na plataforma, para que não fossem tratados como responsáveis por conteúdos criados por terceiros. Desta forma, evitava-se a repetição de posicionamentos como o do Tribunal Superior de Nova York, que, em 1995, responsabilizou civilmente a Prodigy, prestadora de serviços on-line, por mensagens difamatórias postadas por terceiros em seus murais, sob a alegação de que esta realizava moderação do conteúdo e portanto seria "editora" do conteúdo gerado por terceiros[36].

O regime de responsabilização determinado pela Seção 230 do CDA impulsionou o desenvolvimento de provedores de conteúdo e de aplicações e a expansão da

---

[33] VALENTE, Jonas. Tecnologia, informação e poder: das plataformas online aos monopólios digitais. 2019. 399 f. Tese (Doutorado) – Instituto de Ciências Sociais – Departamento de Sociologia, Universidade de Brasília, Brasília, DF, 2019, p. 195.

[34] "Section (c)(1). No provider or user of an interactive computer service shall be treated as the publisher or speaker of any information provided by another information content provider; Section (c)(2). No provider or user of an interactive computer service shall be held liable on account of any action voluntarily taken in good faith to restrict access to or availability of material that the provider or user considers to be obscene, lewd, lascivious, filthy, excessively violent, harassing, or otherwise objectionable, whether or not such material is constitutionally protected; or any action taken to enable or make available to information content providers or others the technical means to restrict access to material described in paragraph (1)".

[35] KOSSEFF, Jeff. A user's guide to Section 230, and a legislator's guide to amending it (or not). Berkeley Technology Law Journal, v. 37, nº 2, 2022.

[36] ESTADOS UNIDOS. New York Supreme Court. Stratton Oakmont v. Prodigy Servs Co., 1995.

internet, permitindo que se desenvolvessem aplicações como as conhecemos atualmente, sendo um sistema aberto e que permitiria comunicação e formas de relacionamentos desintermediadas e livres de censura.

Contudo, a Seção 230 passou a ser percebida como garantidora de imunidades excessivas às plataformas digitais, em especial após o advento de empresas como o Facebook e o Twitter, que atualmente conseguem concentrar e canalizar a disputa pela possibilidade de ser visto e ouvido[37]. A ascensão e o gigantismo alcançado por tais plataformas digitais, que funcionam como grandes mediadoras não apenas entre os indivíduos, mas também entre os diversos sistemas da sociedade, embasam argumentações que entendem existir um anacronismo na Seção 230 do CDA. Nesse sentido, a justificativa inicial de concessão de imunidade para proteger as empresas perante os Estados e em face de possíveis condenações a reparações de danos confere, atualmente, uma liberdade significativa para as redes sociais, o que recebe críticas atualmente.

Jeff Kosseff[38] indica que, desde 2019, mais de 25 propostas legislativas foram apresentadas para alterar ou revogar a Seção 230 e assim modificar o regime de responsabilidade e obrigações das redes sociais. Indica que, de forma geral, parte das propostas estão voltadas para diminuir e limitar as atividades de moderação, enquanto outras se destinam à imposição de maiores exigências de moderação diante de conteúdos que possam causar, com probabilidade, danos irreparáveis.

Apesar de considerar os desafios que as atividades de moderação de conteúdo representam para os Estados democráticos, Kosseff considera que manter a autorregulação feita pelas empresas, com poucas intervenções estatais, continua sendo uma das melhores alternativas. Para embasar seu ponto de vista destaca, por exemplo, que: a) a revogação da Seção 230 ou mesmo a exigência de combate a determinados tipos de conteúdo podem levar as redes sociais a um aumento do papel ativo na retirada e bloqueio de mensagens, mesmo que não sejam efetivamente ilegais ou ofensivas; b) as atividades desenvolvidas pelas redes sociais estão protegidas também pela Primeira Emenda e, assim, as decisões de moderação que tomam não podem ser impedidas pelo governo e nem por demandas dos usuários; c) a falta de debates entre especialistas apartidários dificulta a compreensão dos impactos reais de uma mudança na Seção 230, como ocorreu com a Lei "Stop Enabling Sex Trafficking Act" de 2018 que, ao tentar combater o tráfico e exploração sexual, acabou deixando em situação de maior vulnerabilidade os "profissionais do sexo" — principalmente aqueles de uma classe econômica mais baixa, negros, pardos e indígenas, que

---

[37] WU, Tim. Is the first amendment obsolete? L. Rev. 547, p. 548. 2018. Disponível em: https://repository.law.umich.edu/ mlr/vol117/iss3/4. Acesso em: 28/6/2020.
[38] KOSSEFF, Jeff. A user's guide to Section 230, and a legislator's guide to amending it (or not). Berkeley Technology Law Journal, v. 37, nº 2, 2022.

tiveram acesso ao site Craigslist interrompido porque este, com receio de ser enquadrado na nova legislação, removeu toda a seção de "anúncios pessoais".

No âmbito brasileiro, a tentativa de modificação do regime de responsabilidade dos provedores de aplicação[39] (ou seja, aqueles que fornecem o acesso a funcionalidades acessadas pela internet, como as redes sociais) centra-se justamente na revisão do artigo 19 do MCI, e o debate sobre a sua constitucionalidade, atualmente em discussão no STF, também diz respeito à possibilidade de plataformas moderarem conteúdo publicado por terceiros.

Referido artigo, buscando assegurar a liberdade de expressão e impedir a censura, determina que apenas haverá responsabilização de provedores de aplicação se estes não tomarem providências para remover conteúdo após recebimento de ordem judicial[40]. Nota-se que a existência de ordem judicial apenas serve para avaliar a responsabilização posterior da plataforma, mas não condiciona a atuação à existência de ordem judicial — *"cada provedor continua livre para implementar as políticas que entender pertinentes para remoção voluntária de conteúdo"*[41].

Da leitura do artigo, nota-se que o MCI não retirou dos provedores a possibilidade de remover conteúdo que julguem ofensivo, ao mesmo tempo em que não os isentou de toda responsabilidade: quando a moderação de conteúdo resultar em violação de direitos, a plataforma poderá ser responsabilizada nos tribunais, mas sua responsabilização não decorrerá do fato de ter realizado moderação de conteúdo, e sim da violação de certo direito ao fazê-la. Ao transferir para o Judiciário o dever principal de avaliação da necessidade de remoção, e não ao cotidiano das redes sociais, a norma permite que as atividades das plataformas se desenvolvam sem consequências indesejadas de monitoramento ou retirada em massa de conteúdos de terceiros. Além disso, o artigo reforça a ideia de que redes sociais são apenas intermediárias, e sua responsabilidade deveria estar restrita aos limites de tal atividade.

Parte do corpo jurídico discorda da interpretação acima sobre o artigo 19, e sobre o caráter intermediário das atividades das redes sociais, defendendo a tese de que as plataformas não poderiam agir sem a existência de uma ordem judicial prévia, ou de que, a partir do momento em que agem sem ordem judicial,

---

[39] Lei 12.965/2014, artigo 5º, VII – Consideram-se aplicações de internet: o conjunto de funcionalidades que podem ser acessadas por meio de um terminal conectado à internet.

[40] Artigo 19. Com o intuito de assegurar a liberdade de expressão e impedir a censura, o provedor de aplicações de internet somente poderá ser responsabilizado civilmente por danos decorrentes de conteúdo gerado por terceiros se, após ordem judicial específica, não tomar as providências para, no âmbito e nos limites técnicos do seu serviço e dentro do prazo assinalado, tornar indisponível o conteúdo apontado como infringente, ressalvadas as disposições legais em contrário.

[41] LEONARDI, Marcel. Fundamentos de Direito Digital. São Paulo: Ed. Revista dos Tribunais, 2019, p. 90.

poderiam ser responsabilizadas por suas condutas. Os que defendem a inconstitucionalidade afirmam que o MCI priorizou a liberdade de expressão sobre outros direitos, o que estaria em desacordo com a Constituição Federal[42] (apesar de os tribunais brasileiros tenderem a decidir pela posição preferencial da liberdade de expressão sobre outros direitos[43]). Entendem que deveria haver mais responsabilidade das plataformas, ainda que em detrimento da liberdade de expressão promovida por seus modelos de negócio. Contudo, se declarada a inconstitucionalidade, poderíamos caminhar para cenários de autocensura, e para *"uma internet menos diversa. Se aparecer um conteúdo que seja mais crítico, que deixa alguma subjetividade sobre se lesiona ou não a honra de alguém, a plataforma vai remover"*[44], buscando evitar responsabilização mais rígida, tal como argumentou Kosseff no contexto da Seção 230.

Assim, para o julgamento do Recurso Extraordinário nº 1.037.396, em que foi reconhecida repercussão geral (Tema 987), o STF deverá decidir quanto à constitucionalidade de referido artigo, indicando qual seria a sua interpretação do texto legal. O STF deverá analisar a *"necessidade de prévia e específica ordem judicial de exclusão de conteúdo para a responsabilização civil de provedor de internet, websites e gestores de aplicativos de redes sociais por danos decorrentes de atos ilícitos praticados por terceiros"*. O caso é discutido a partir de recurso interposto pelo Facebook sobre voto reformador de sentença que havia excluído a responsabilidade da rede social. Destaca-se trecho do voto em questão: *"condicionar a responsabilização da ré à prévia tomada de medida judicial pela autora, na conformidade do artigo 19 do Marco Civil da Internet, fulminaria seu direito básico de efetiva prevenção e reparação de danos patrimoniais e morais, individuais, coletivos e difusos (art. 6º, inciso VI, do Código de Defesa do Consumidor)"*. Ainda não houve julgamento do STF; os autos estão conclusos ao relator, ministro Dias Toffoli[45].

Pelo disposto acima, nota-se uma tendência, tanto no Brasil como nos Estados Unidos, de reformar o regime de responsabilização das redes sociais, especialmente no que tange à regulação das atividades de moderação de conteúdo. Contudo, seja nas propostas legislativas estadunidenses ou no debate

---

[42] FRAZÃO, Ana; MEDEIROS, Ana. Responsabilidade civil dos provedores de internet: a liberdade de expressão e o artigo 19 do Marco Civil. Migalhas, 23/2/2021. Disponível em: https://www.migalhas.com.br/coluna/migalhas-de-responsabilidade-civil/340656/responsabilidade-civil-dos-provedores-de-internet.

[43] ADPF 130, DJe de 06/11/2009, ADPF 187, DJe de 29/5/2014, RE 511.961, DJe de 13/11/2009, ADI 2404, DJe de 1/8/2017, e ADI 4.815, DJe 29/1/2016.

[44] "Fim do artigo 19 põe em risco liberdade de expressão na internet", diz Carlos Affonso de Souza. Estadão, 29/11/2019. Disponível em: https://link.estadao.com.br/noticias/cultura-digital,fim-do-artigo-19-poe-em-risco-liberdade-de-expressao-na-internet-diz-carlos-affonso-de-souza,70003104631.

[45] Disponível em: https://stf.jus.br/portal/jurisprudenciaRepercussao/verAndamentoProcesso.asp?incidente=5160549&numeroProcesso=1037396&classeProcesso=RE&numeroTema=987#. Acesso em: 19/4/2022.

no STF, ainda parece ser necessária maior compreensão das atividades das plataformas e dos limites da responsabilização para que os regimes possam se adequar à realidade. Nesse sentido, as críticas apresentadas por Jeff Kosseff à reforma da Seção 230 parecem também se aplicar às propostas de alteração do MCI no Brasil: diante do grande poder das redes sociais e de sua capacidade de ação, o regime atual não parece ser suficiente para garantir direitos fundamentais nesses espaços, mas as discussões sobre reformas em ambos os países ainda carecem de estudos apartidários e debate aprofundado.

Eleições digitais é tema de série de eventos do Legal Grounds

Bianca Medalha Mollicone, Francisco Cavalcante de Sousa e Pedro Henrique Nishioka

10 de maio de 2022

Em meio ao contexto das eleições e entendendo que as redes sociais, assim como outros instrumentos digitais de comunicação e acesso à informação, se mostraram importantes mecanismos para o processo político, o Legal Grounds *Institute* está promovendo, em parceria com a Embaixada da República Federal da Alemanha no Brasil e o Fórum de Democracia Europa-Brasil, a série "Eleições Digitais". Os eventos o-line buscam tratar de questões relativas ao diálogo existente entre o meio digital e o direito eleitoral, abordando os desafios postos pelas novas tecnologias de comunicação.

O episódio de estreia ocorreu na sexta-feira do último dia 29 de abril, com o tema "Desafios do direito eleitoral na era digital". O evento contou com a participação de Patrícia Campos Mello, jornalista da Folha de S.Paulo; Leonardo Sakamoto, cientista político, jornalista e professor da PUC; Fernando Neisser, advogado na área eleitoral, mestre e doutor em Direito Penal pela USP; e o doutor . Paulo Gonet, subprocurador-geral da República e atual vice-procurador-geral eleitoral. A mediação do encontro ficou por conta de Bianca Mollicone, coordenadora do Legal Grounds, e Ricardo Campos, diretor do Legal Grounds.

Ao fazer a abertura do evento, o subprocurador-geral Gonet fez uma recapitulação histórica das urnas eletrônicas no Brasil, traçando um paralelo sobre a insegurança da apuração eleitoral no passado e os caminhos que nos trouxeram ao moderno sistema eleitoral que temos hoje. Para ele, são infundadas as acusações de que o sistema eleitoral brasileiro é suscetível a fraudes e de que os resultados da contagem de votos seriam objeto de alteração.

Destacou, ainda, a atuação do Tribunal Superior Eleitoral (TSE) no que considerou como avanços no direito eleitoral brasileiro. Nas palavras de Gonet, "nunca, em 26 anos, alguém conseguiu alterar os resultados do processo digital de apuração no Brasil". "As urnas eletrônicas são seguras." Para o subprocurador-geral da República e vice-procurador-geral eleitoral, o atual sistema de apuração de votos não tem acesso à internet, o que impossibilita a realização de interferências nos resultados. Ao concluir sua fala, ele enfatizou e defendeu a segurança do processo eleitoral brasileiro e a influência desse modelo no mundo. "As urnas eletrônicas não são um desafio no campo do Direito Eleitoral; elas são a solução", frisou.

A jornalista Patrícia Campos Mello traçou alguns cenários do que pode vir a ocorrer na disputa eleitoral de 2022 no Brasil. Demonstrou preocupação ao tratar do tema da moderação de conteúdo em plataformas digitais e seus reflexos no processo eleitoral. "Como as redes sociais e a Justiça Eleitoral vão se apoiar no combate à desinformação?", questionou a jornalista ao recordar a problemática das fake news nas eleições de 2018.

Outro ponto abordado por Patrícia, que atualmente é associate researcher scholar na Columbia University (Nova York), diz respeito à participação de influenciadores digitais no processo eleitoral por meio de redes sociais. "Como saber se o influenciador está sendo pago ou recebendo vantagens?'', indagou aos presentes. Segundo a jornalista, este problema pode ser uma ameaça ao devido processo eleitoral, tendo em vista o efeito que as falas e ações de influenciadores podem ter nos milhões de seguidores que os acompanham digitalmente.

"Quais são os limites que os políticos têm em suas redes sociais? Como as instituições vão reagir quando isso acontecer? Não sabemos", concluiu a jornalista.

O advogado Fernando Neisser apontou para a demora da Justiça Eleitoral em perceber a mudança de estratégia por parte daqueles que atentam contra a democracia. Se há poucos anos as notícias falsas eram um artifício usado exclusivamente para atacar os opositores, nos últimos anos elas passaram a se voltar contra o próprio sistema eleitoral, como uma forma de deslegitimação.

Apesar disso, o advogado destaca que, com o tempo, o TSE passou a tomar decisões que buscam mitigar os ataques que o sistema tem sofrido. Além disso, salientou que hoje já há formas mais viáveis de combater essas investidas, como é o caso, por exemplo, da cassação de chapa de candidatos que atentarem contra o sistema eleitoral. Ele ressalta, contudo, outro grande desafio: o de disseminar formas eficientes de reunir e juntar provas para a condução desses processos.

Por fim, Neisser frisa o cuidado que é necessário guardar com relação à utilização da cassação pela Justiça Eleitoral. Ainda que ela se revele uma estratégia viável no combate às investidas contra as estruturas democráticas, dada a sua gravidade, deve ser usada apenas quando proporcional à ofensa.

Concordando com Neisser, o jornalista Leonardo Sakamoto também enxerga uma evolução positiva na forma como as instituições e a sociedade vêm lidando com os constantes ataques ao sistema eleitoral. Todavia, alerta que os opositores têm igualmente se adaptado e adotado novas estratégias para disseminação de notícias falsas e afronta às instituições.

O pesquisador ressalta, ainda, que aliada a essa situação, há outro grande desafio para as eleições de 2022: a ultra polarização, que cria um cenário de guerra política. Na pior perspectiva, há o risco de culminar em situação como a do Capitólio nos Estados Unidos.

Por fim, Sakamoto aponta para outra questão importante: há uma quantidade significativa de pessoas que não propaga notícias falsas por engano. Mesmo sabendo se tratar de fake news, disseminam essas notícias com a intenção de prejudicar inimigos políticos.

Diretiva sobre comércio eletrônico na Europa: avaliações finais

Isadora de Cássia Fornari Chueire, Ricardo Canavan Martins Junqueira, Maria Gabriela Grings, Tatiana Bhering Roxo e Samuel Rodrigues de Oliveira*

18 de maio de 2022

O texto foi produzido por integrantes do Grupo de Estudos de Novas Regulações de Serviços Digitais no Direito Comparado, iniciativa conjunta do Instituto Legal Grounds, do Grupo de Estudos em Proteção de Dados da Universidade Federal do Rio Grande do Sul (UFRGS) e do Laboratório de Inovação e Direito da Universidade de São Paulo (USP).

Influenciada pelas novas expectativas econômicas trazidas pela internet que começava a se espraiar, no dia 08 de junho de 2000 era aprovada e publicada a Diretiva Sobre o Comércio Eletrônico europeia[46], na qual a União Europeia tinha a audaciosa intenção de explorar um território regulatório até então inexistente, e que dizia respeito a um ambiente virtual que reformulava as mais simples relações pessoais e contratuais cotidianas.

Após 65 "considerandos" que serviriam de baliza para uma correta hermenêutica do texto, a norma adentra em seus artigos propriamente ditos, e sobre os quais alguns apontamentos serão feitos mais à frente. Até mesmo porque, um dos grandes pontos de discussão sobre a norma diz respeito às hipóteses de existência de responsabilidade dos prestadores intermediários de serviços — algo que ainda se encontra no foco dos debates mundiais 20 anos depois.

Nesse sentido e levando em consideração o atual contexto das discussões sobre as novas regulações digitais da União Europeia — que, tendo em vista a brevidade deste escrito, serão resumidas com referências aos chamados *Digital Services Act (DSA)* e *Digital Markets Act (DMA)* —, o objetivo do presente artigo é revisitar os principais elementos fáticos e estruturantes da Diretiva, no intuito de se extrair algumas lições a partir da avaliação das mudanças dos paradigmas relativos ao ambiente virtual em virtude de seu contínuo e infindável processo de

---

[46] Texto integral disponível em: https://eur-lex.europa.eu/legal-content/PT/ALL/?uri=CELEX%3A32000L0031. Acesso em: 04/05/2022.

construção, e, além disso, esboçar uma breve avaliação final do marco legal que está saindo de cena.

Os principais aspectos da diretiva

O primeiro ponto de interesse a ser levado em consideração a respeito da Diretiva Sobre o Comércio Eletrônico refere-se ao seu contexto de discussão e aprovação, pois, como nos mostra Pierpaolo Fratangelo, as fronteiras mundiais do comércio começavam a ser relativizadas em virtude da criação de um ambiente virtual no qual precisaríamos apenas de um pequeno computador e um modem para celebrar relações contratuais das mais variadas, sendo que, na frente de tal corrida desenvolvimentista, estavam Estados Unidos e alguns países integrantes do bloco europeu que passaram a vislumbrar a necessidade de se criar um quadro normativo minimamente claro e enxuto, apenas no intuito de proteger os consumidores de abusos e garantir um grande mercado competitivo aos prestadores[47].

 É nesse contexto de percepção de uma grande inovação macroeconômica que surge a proposta de Diretiva Sobre o Comércio Eletrônico, e do qual podemos retirar a primeira grande lição: em seus primórdios, a internet era vista apenas como uma grande ferramenta de desenvolvimento econômico, e, por conta desse espectro ainda limitado, não era possível vislumbrar as externalidades negativas que as plataformas porvir causariam — podendo citar a título de exemplo concentração de mercado, criação de ambientes que possibilitam a viralização de *fake news*, discursos de ódio e antidemocráticos.

Aliás, não por outro motivo, Fratangelo considera que o chamado Princípio do Mercado Interno insculpido no artigo 3º da Diretiva era o ponto que melhor retratava sua estrutura e objetivos[48], pois, segundo tal vetor principiológico, um prestador regularmente estabelecido em um Estado-Membro da União Europeia poderia prestar seus "serviços da sociedade da informação" no território de outro Estado-Membro sem a exigência de formalidades ou autorização prévia.

Por óbvio que, como se observa do item 4 de tal artigo, o chamado Mercado Interno poderia sofrer limitações de acordo com assuntos previamente estabelecidos (interesse público; escolha pelo prestador de estabelecimento de seus negócios em um Estado-Membro para escapar de determinada legislação de outro; direitos autorais; dinheiro eletrônico; seguros; liberdade das partes de escolher a lei aplicável ao seu contrato; obrigações relativas a contratos de consumo; validade formal de contratos relativos aos direitos sobre bens imóveis;

---

[47] FRATANGELO, 2002, p. 3-4. Necessidade de inserção da referência completa da obra citada.
[48] FRATANGELO, 2002, p. 6.

permissibilidade de comunicações comerciais não solicitadas através de correio eletrônico), porém, naquele momento, a estrutura legislativa parecia atingir seus objetivos no sentido de criar e facilitar o acesso de todos a uma grande e competitiva teia de negócios.

Já como segundo aspecto a ser tratado, estão as disposições dos artigos iniciais da Diretiva que determinam as informações mínimas que deverão ser prestadas pelos contratantes de uma relação comercial, para, dessa maneira, conferir proteção aos consumidores já na fase pré-contratual, uma vez que eles deverão ser informados de todas as caraterísticas da relação à qual se obrigarão (artigo 5º); trazem disposições sobre privacidade dos consumidores e o envio e recebimento de comunicações comerciais (artigos 6º a 8º); como regra geral, determina que os Estados-Membros autorizem a celebração de contratos eletrônicos (artigos 9º a 11).

Os artigos 12 a 15 tratam do tema mais pungente e polêmico da Diretiva, a delimitação de responsabilidade dos prestadores intermediários de serviços. No intuito de enriquecermos tal discussão, os abordaremos no próximo item de maneira mais aprofundada e comparando com as atuais discussões para elaboração do *Digital Service Act* (*DSA*), o que demonstrará, inclusive, uma maior preocupação com o consumidor do que a debatida no parágrafo anterior.

Por fim, observa-se a preocupação do bloco europeu em determinar que os Estados-Membros incentivem a criação de Códigos de Conduta por parte das empresas que disponibilizem serviços virtuais (artigo 16) — o que talvez caracterize um dos primeiros incentivos a uma espécie de *enforcement* privado para proteção dos usuários no ambiente virtual —, bem como a determinação para que os Estados-Membros criem meios para resolução de conflitos (artigos 17 e 18), que, muito provavelmente, aumentariam, tendo em vista a novidade e a amplitude do ambiente virtual.

A responsabilidade das plataformas digitais

Especificamente sobre a responsabilidade, a Diretiva 2000/31 estabelece regras de acordo com os níveis de controle e tipos de serviço exercidos na execução das atividades pelas plataformas digitais. Conforme destaca Tereszkiewics[49], o texto da Diretiva 2000/31 coloca as plataformas em uma posição de porto seguro, diante

---

[49] Tereszkiewicz, Piotr, Digital Platforms: Regulation and Liability in the EU Law (August 1, 2018). European Review of Private Law 2018, issue 6, pp. 903-920, Disponível em SSRN: https://ssrn.com/abstract=3480091, Acessoem: 11/05/2022.

dos riscos de responsabilidade moderados, favorecendo aqueles que não exercem um monitoramento das atividades em seus servidores online.

Teresziewics também aponta que o papel exercido pela provedora do serviço, pode ser dividido em duas frentes: a primeira, quando há a mera transmissão de informações, nesse caso a plataforma age como simples intermediadora. Já na segunda forma, quando a atuação da plataforma, ultrapassa a superficialidade da conexão entre pessoas e/ou agentes de serviços e oferece uma operação subjacente a sua atividade principal, envolvendo o armazenamento de dados, que pode ser temporário ou não.

Nos artigos da Diretiva, há na verdade um apontamento negativo de hipóteses. O texto aponta como não caracterizar a responsabilidade das plataformas, de acordo com o modelo de atividade oferecido aos usuários. No artigo 12º, por exemplo, que trata de redes que prestam serviços de facilitação a transmissão, a responsabilidade não pode ser invocada quando a plataforma não altera as mensagens ou escolhe os usuários, pois seu serviço é de mera conexão, mesmo que esta armazene temporariamente alguns dados.

Já nos artigos seguintes, sobressai a responsabilidade limitada, em caso de ilícitos cometidos na rede, caso a plataforma aja com diligência, a partir do momento que tenha conhecimento desse tipo de situação (artigo 14) e, a permissão de não vigilância (artigo 15) sobre as informações transmitidas. Eis aqui o porto seguro das plataformas, que evita a responsabilização dos serviços digitais.

Importa recordar que a Diretiva foi instaurada no início do desenvolvimento do e-commerce, nesse cenário destaca-se a empresa *eBay* pioneira no mercado online e que coleciona julgados em relação a sua responsabilidade, por atos ilícitos realizados na sua rede em especial aqueles envolvendo a infração de direitos autorais.

No caso *LVMH vs eBay*[50], a empresa detentora de diversas marcas de luxo e suas representantes, clamaram contra o fato de que a plataforma de comércio eletrônico não tomava medidas efetivas para impedir a venda de produtos falsificados, réplicas de suas mercadorias. O *eBay*, por sua vez apresentou defesa no sentido do artigo 14 da Diretiva, protestando pela responsabilidade limitada, uma vez que, conforme a Diretiva 2000/31, deve agir apenas quando for notificado de tais atos. O Tribunal de Justiça rejeitou a defesa da *eBay*, reforçando a segurança jurídica exigida pelas marcas. A decisão assevera que o serviço prestado pela empresa ia além da mera transmissão de informações e que há um serviço subjacente, visto que a plataforma oferecia leilão de produtos e outros serviços de assistência aos vendedores.

---

[50] Disponível em: https://www.lvmh.com/news-documents/press-releases/lvmh-ebay-the-paris-court-of-appeal-confirms-ebays-liability/ Acesso: 11/05/2022.

Em 2011, em caso semelhante, porém agora envolvendo *L'oreal vs eBay*[51], o Tribunal Europeu, em decisão paradigma, fortificou o entendimento de que a responsabilidade limitada da Diretiva 2000/31, diz respeito apenas a serviços de mera intermediação, que atuam de forma neutra e que nas situações nas quais a plataforma atue de forma ativa sobre os dados transmitidos, a responsabilização poderia ser configurada.

No entanto, nem sempre as decisões foram no sentido favorável à responsabilização, atravessando o oceano, verificamos que nos Estados Unidos o tratamento da responsabilidade das plataformas sob a ótica da *Section 230* se dá de maneira semelhante a este último caso europeu, pois, no caso *Tiffany vs eBay*[52] de 2004, a corte americana se posicionou sem se aprofundar sobre a caracterização ou na responsabilidade da plataforma, visto que a Tiffany não conseguiu elaborar provas do conhecimento da plataforma sobre os ilícitos, ressaltando a ausência de um dever de cuidado, o que se assemelha ao artigo 15 da Diretiva europeia.

Novos caminhos sendo construídos

Diante do contexto de surgimento da Diretiva Sobre o Comércio Eletrônico, bem como dos breves apontamentos sobre sua estrutura, percebemos que tal diploma normativo não é mais capaz de atender as necessidades regulatórias do ambiente virtual, o que já vem sendo percebido pelo bloco europeu há alguns anos.

A ideia de uma plataforma online de comércio neutra, fica cada vez mais distante com avanço da tecnologia, restando claro que é necessário superar os ditames da Diretiva no sentido de acompanhar as evoluções, mas sem barrar a competição e inovação; aliás, nessa toada, renovam-se as preocupações do início do século de modo a garantir um ambiente virtual competitivo, porém, agora, tais preocupações aprofundam-se no intuito de abarcar uma maior amplitude de direitos fundamentais dos usuários, muitos deles relacionados com o desenvolvimento da tecnologia em si, como a discriminação algorítmica – ou seja, abre-se uma perspectiva muito mais abrangente, na qual a Diretiva Sobre o Comércio Eletrônico não é mais suficiente e precisar ser superada.

Essa nova perspectiva é muito bem retratada por artigo intitulado *Futuro da regulação das redes sociais: olhar para o debate europeu*, publicado em 30 de março de 2022 nesta mesma coluna pelos integrantes do Grupo de Estudos de Novas Regulações de Serviços Digitais no Direito Comparado do *Legal Grounds*

---

[51] L'Oréal SA e outros contra eBay International AG e outros, Processo C-324/09.
[52] Tiffany (NJ) Inc. v. eBay, 600 F.3d 93 (2nd Cir. 2010).

Institute[53], no qual os ora autores demonstram que, em 15 de dezembro de 2020, houve a apresentação da proposta para regulamento dos serviços digitais denominada *Digital Services Act (DSA)* na Europa, através da qual "*a Comissão Europeia busca estabelecer regras harmonizadoras sobre a prestação de serviços intermediários na União Europeia, visando a elevar o nível de proteção dos direitos fundamentais no ambiente digital, conferir maior segurança jurídica e aprimorar o funcionamento do mercado comum europeu, já que aborda os riscos sistêmicos que surgem com os serviços digitais, notadamente com as plataformas online*". Já a preocupação com o estímulo à concorrência em ambiente virtual é observada atualmente no debate regulatório europeu através do *Digital Markets Act (DMA)*, que, trazendo os conceitos de "serviço essencial de plataforma" e "*gatekeeper*" até então desconsiderados sob a ótica da Diretiva Sobre o Comércio Eletrônico, busca minimizar externalidades negativas causadas pelas grandes plataformas digitais, e.g. concentração de mercado, imposição de barreiras à entrada de novos *players*, novas formas de desequilíbrio de poder e abusos de posição dominante.

Por fim, é oportuno mencionar que essa percepção europeia de superação dos cenários que inspiraram a criação das legislações como a Diretiva Sobre o Comércio Eletrônico no início dos anos 2000 tem influenciado o mundo inteiro, pois, no Estados Unidos já existem mais de 20 propostas legislativas para alteração ou revogação da Seção 230, visto que seu tratamento sobre a responsabilidade das plataformas tem sido bastante criticado atualmente, e, no Brasil, discute-se no Congresso Nacional o Projeto de Lei n° 2.630/2020 — popularmente conhecido como PL das Fake News —, que é claramente influenciado pelo debate europeu, na medida em que se preocupa especificamente em estabelecer normas, diretrizes e mecanismos de transparência e responsabilidade para provedores de redes sociais, ferramentas de busca e de serviços de mensageria instantânea através da internet, assim como diretrizes para seu uso.

---

[53] Disponível em: https://www.conjur.com.br/2022-mar-30/direito-digital-futuro-regulacao-redes-sociais-olhar-debate-europeu. Acesso em: 11/05/2022.

Visões gerais sobre a regulação de serviços digitais na União Europeia

Paula Guedes Fernandes da Silva, Maria Gabriela Grings, Tatiana Bhering Roxo e Samuel Rodrigues de Oliveira

21 de junho de 2022

Atualmente, utilizamos serviços digitais para as mais variadas funções: para nos comunicar com amigos e familiares, para criticar o governo, para nos aproximarmos de nossos semelhantes, para obter serviços e produtos, para trabalhar, para frequentar aulas e até mesmo nos desenvolvermos como sujeitos. Por isso, nos últimos anos, com o crescimento da importância dos serviços oferecidos no ambiente digital, principalmente por meio de plataformas digitais, iniciou-se um debate mundial sobre a necessidade de regulação dessas esferas, com foco especial na mitigação do desequilíbrio de poder existente entre as plataformas e seus usuários.

Como consequência desse processo de regulação de plataformas digitais, recentemente, no final de abril de 2022, a União Europeia (UE) alcançou finalmente um consenso a respeito do Regulamento sobre Serviços Digitais (Digital Services Act – DSA) que, junto com o Regulamento sobre Mercados Digitais (Digital Markets Act – DMA), visa a criação de um mercado único digital mais seguro e aberto, protegendo os direitos fundamentais dos utilizadores e estabelecendo condições equitativas para as empresas[54].

O Digital Services Act, proposto pela Comissão Europeia em dezembro de 2020, é parte de um processo maior de regulação do ambiente digital que ocorre desde 2010. Nesse cenário, a União Europeia vêm desenhando uma série de novas regulações no contexto da Agenda Digital da Europa, o que inclui, além do DSA e do DMA, o Artificial Intelligence Act (AIA) e o Data Act (DA), estes ainda em processo de maior discussão e debate público até a efetiva aprovação.

O acordo político alcançado entre Parlamento Europeu e os Estados-Membros sobre o DSA foi qualificado como histórico pela presidente da Comissão, Ursula von der Leyen, por entender que o regulamento assegurará que o ambiente online continue a ser um espaço seguro, que salvaguardará liberdades e direitos

---

[54] European Parliament. Digital Agenda for Europe. Fact Sheets on the European Union. Publicado em jan. 2022. Disponível em: https://www.europarl.europa.eu/factsheets/en/sheet/64/digital-agenda-for-europe.

fundamentais, enquanto também garantirá oportunidades para os negócios digitais[55]. Nesse sentido, cabe destacar que o regulamento segue a lógica de que tudo que é proibido fora da internet deve ser mantido desta forma também na internet, de forma a prevenir a distribuição de conteúdos ilegais no espaço digital, proteger os direitos fundamentais dos usuários, fortalecer o mercado interno e permitir a uniformidade e consistência do quadro jurídico europeu no que tange às plataformas digitais[56].

Dito isso, fica claro que o objetivo do DSA é o de evitar ou combater as externalidades negativas geradas pelas plataformas ao estabelecer regras claras de responsabilidade e prestação de contas para os provedores de serviços intermediários, ao mesmo tempo em que promove a inovação, crescimento e competitividade[57]. Estas regras seguirão uma lógica de proporcionalidade e regulação graduada, já que as obrigações variam de acordo com o tamanho, função e impacto da plataforma, além do risco criado por cada um desses atores, principalmente no que tange à disseminação de conteúdo ilegal e prejudicial, como desinformação, discurso de ódio, pornografia e discursos antidemocráticos ou xenófobos[58].

Por que uma nova regulação?

Por muitos anos, o principal quadro-jurídico de regulação dos serviços digitais na União Europeia foi a Diretiva de Comércio Eletrônico, também conhecida como Diretiva de e-commerce (Diretiva 2000/31/EC). Porém, em mais de 20 anos, muita coisa mudou: ao mesmo tempo em que plataformas online cresceram e passaram a criar benefícios significativos para consumidores e inovação, facilitaram o comércio transfronteiriço e criaram oportunidades, sua atuação foi acompanhada por divulgação de conteúdos ilegais com alto risco para direitos fundamentais, fluxos de informação e participação pública[59].

Por isso, diante da necessidade de atualização das regras da diretiva, foi criado o Regulamento sobre Serviços Digitais, com foco especial nos intermediários online. O DSA não revoga a antiga diretiva, mas renova essa regulação. Ademais, por se tratar de um regulamento, com aplicação direta nos Estados-Membros,

---

[55] European Commission. Digital Services Act: Commission welcomes political agreement on rules ensuring a safe and accountable online environment. Press Release, publicado em 23 abril 2022. Disponível em: https://ec.europa.eu/commission/presscorner/detail/en/IP_22_2545.
[56] Idem.
[57] EIFERT, Martin et al. Taming the Giants: the DMA/DSA Package. United Kindgom, Common Market Law Review, Vol. 28, pp. 987-1028, 2021.
[58] European Parliament. Digital Agenda for Europe. Fact Sheets on the European Union. Publicado em jan. 2022. Disponível em: https://www.europarl.europa.eu/factsheets/en/sheet/64/digital-agenda-for-europe.
[59] Ibid.

espera-se a criação de um padrão regulatório europeu, proporcionando maior segurança jurídica para usuários e plataformas e evitando a manutenção de barreiras de entrada para pequenas e médias empresas[60], a partir da harmonização das regras aplicáveis.

Escopo de aplicação: material e territorial

Um ponto de atenção do DSA é relativo à sua aplicação para além do território da União Europeia, já que suas regras serão baseadas na localização do destinatário dos serviços prestados pelas plataformas, em detrimento do local onde o intermediário tenha estabelecimento ou residência. Em outras palavras, mesmo que a plataforma não tenha estabelecimento no mercado único europeu, se prestar serviços para usuários localizados na União[61], independentemente de sua nacionalidade ou residência, o regulamento será aplicável, de acordo com o artigo 1º, nº 1.

Assim como aconteceu com o Regulamento Geral de Proteção de Dados (RGPD), espera-se que o DSA seja considerado um design normativo a ser seguido mundialmente por outros países, em uma espécie de novo efeito Bruxelas, semelhante ao ocorrido como consequência do RGPD. Ademais, no que concerne aos Estados-Membros da UE, por se tratar de um regulamento, haverá aplicação direta[62], sem a necessidade de criação de norma de transposição.

Em termos de escopo material, o DSA será aplicado para diferentes plataformas digitais que realizam intermediação, o que inclui serviços de simples transporte de dados (transmissão de informações ou concessão de acesso a uma rede de comunicações, como provedores de acesso à internet e registradores de nome de domínio), de armazenagem temporária ou até de armazenagem em servidor (a exemplo de serviços de nuvem), conforme artigo 2º, (f).

Dentre os serviços de armazenagem, há ainda a qualificação de plataformas online, isto é, aquelas que reúnem e aproximam vendedores e consumidores, como lojas de aplicativos, mídias sociais, mercados online e plataformas de economia colaborativa. Dentre essas plataformas online, há ainda mais uma qualificação específica: plataformas online de grande dimensão, definidas como aquelas que possuem um número médio de 45 milhões de usuários mensais na UE e, por isso, oferecem riscos mais intensos em termos de disseminação de

---

[60] Ibid.
[61] European Commission. Questions and Answers: Digital Services Act. Disponível em: https://www.ec.europa.eu/commission/presscorner/detail/en/qanda_20_2348.
[62] Ibid.

conteúdo ilegal e danos à sociedade, o que faz com que estejam sujeitas a obrigações ainda mais rígidas no DSA[63].

Velhas e novas obrigações para os serviços digitais

Como já dito, o DSA é uma regulação graduada e, por isso, certas regras são aplicadas a todos os intermediários, mas algumas são direcionadas para atores específicos. Em outras palavras, o novo regulamento estabelece obrigações assimétricas para diferentes tipos de intermediários, a depender da natureza de seus serviços, além de seu tamanho e impacto, com o intuito de garantir que os serviços não sejam usados indevidamente para atividades ilegais e que os prestadores operem com responsabilidade[64].

Como regra geral, todas as plataformas devem cumprir com as regras de *due diligence* e transparência presentes entre os artigos 10 e 13, como a nomeação de um representante legal para plataformas que não possuem sede na União, fornecimento de informações sobre medidas de moderação de conteúdo e tomada de decisões algorítmicas em seus termos e condições e a criação de relatórios anuais de transparência (excepcionando pequenas empresas).

Especificamente sobre prestadores de serviços de hospedagem, incluindo plataformas online, merece destaque para a obrigação de criação de um procedimento de notificação e ação/reparação. Em outras palavras, será agora obrigatória a existência de mecanismos de denúncia a conteúdos ilegais de fácil acesso pelos usuários, que também terão que receber os motivos que eventualmente foram considerados para a remoção ou bloqueio de determinado conteúdo publicado online.

Ademais, o DSA busca também garantir um devido processo nos procedimentos de denúncias e reclamações nas plataformas online. Por anos, os usuários não possuíam meios efetivos para entender ou contestar decisões tomadas pelas plataformas em suas esferas digitais, o que irá mudar como consequência do artigo 17, que estabelece a necessidade de criação de um sistema interno de tratamento de reclamações de decisões de remoção ou bloqueio de informações, suspensão ou cessação da prestação de serviços ou suspensão ou encerramento de contas em razão da violação de lei ou dos termos e condições da plataforma. Além da possibilidade de contestar decisões de moderação de conteúdo e buscar

[63] European Commission. The Digital Services Act: ensuring a safe and accountable online environment. Disponível em: https://ec.europa.eu/info/strategy/priorities-2019-2024/europe-fit-digital-age/digital-services-act-ensuring-safe-and-accountable-online-environment_en#which-providers-are-covered.

[64] European Commission. Questions and Answers: Digital Services Act. Disponível em: https://www.ec.europa.eu/commission/presscorner/detail/en/qanda_20_2348.

reparação de forma extrajudicial, o DSA também prevê a possibilidade de disputa judicial[65].

Ainda, para plataformas online, o regulamento torna exigível a existência de sinalizadores de confiança em conteúdos publicados (artigo 19), a implementação de medidas contra utilização abusiva dos serviços (artigo 20), a obrigação de notificação de suspeitas de crime para autoridades públicas (artigo 21), a exigência de apresentação de relatórios de transparência adicionais (artigo 23) e a necessidade de maior transparência sobre a publicidade online realizada em seus espaços (artigo 24).

Além de todas as exigências já mencionadas, as obrigações mais rígidas do novo regulamento concentram-se nas plataformas online de grande dimensão em razão de seu impacto social e econômico significativo[66]. Nesse contexto, merece destaque a obrigatoriedade de realização de avaliação e mitigação de riscos (artigos 26 e 27), de forma a possibilitar a descoberta e eventualmente diminuição dos riscos sistêmicos, como a disseminação de conteúdo ilegal, impacto em direitos fundamentais e manipulação de comportamentos.

Ademais, o DSA cria o dever para as grandes plataformas online de realizar auditorias independentes anuais (artigo 28), reforçar padrões de transparência (artigo 33), principalmente para sistemas de recomendação e propaganda online (artigos 29 e 30, respectivamente), criar mecanismos de acesso e controle de dados pelos usuários (artigo 31) e nomear um responsável pela conformidade da aplicação do DSA internamente (artigo 32).

Quanto à responsabilidade civil dos intermediários, houve manutenção da ideia de responsabilidade condicionada, conhecida como notificação e retirada ("*notice and take down*"), já existente na diretiva de *e-commerce*, com algumas atualizações, o que está presente entre os artigos 3 e 9 do DSA. As plataformas não terão a obrigação geral de vigilância, isto é, não são obrigadas a monitorar e filtrar antecipadamente conteúdos ilícitos publicados por terceiros, o que não significa uma imunidade completa, já que poderão ser responsabilizadas quando não atuarem na moderação de conteúdo de acordo com o dever de diligência, após tomar conhecimento da existência de conteúdo abusivo, especialmente quando em razão de ordem de tribunal ou autoridade administrativa[67].

Em resumo, o Digital Services Act reforça e cria obrigações relacionadas ao combate de produtos, serviços e conteúdos ilegais online; à capacitação de

---

[65] European Commission. Digital Services Act: Commission welcomes political agreement on rules ensuring a safe and accountable online environment. Press Release, publicado em 23 abril 2022. Disponível em: https://ec.europa.eu/commission/presscorner/detail/en/IP_22_2545.

[66] European Commission. Questions and Answers: Digital Services Act. Disponível em: https://www.ec.europa.eu/commission/presscorner/detail/en/qanda_20_2348.

[67] EIFERT, Martin et al. Taming the Giants: the DMA/DSA Package. United Kindgom, Common Market Law Review, Vol. 28, pp. 987-1028, 2021.

usuários e da sociedade civil; à avaliação e mitigação de riscos; e à supervisão e aplicação eficientes do regulamento, principalmente no que tange a plataformas online de grande dimensão[68].

Além do foco nessas grandes plataformas, em razão de obrigações mais ou menos intensas de acordo com o tamanho, impacto e risco, o DSA também isenta micro e pequenas empresas de algumas regras que poderiam lhes ser muito onerosas, o que permite o crescimento e competitividade com players maiores[69], pois ao reequilibrar as responsabilidades no ecossistema online de acordo com o tamanho dos players, garante-se que os custos regulatórios dessas novas regras sejam proporcionais[70].

Supervisão do DSA

A supervisão e fiscalização das regras do DSA será partilhada entre a Comissão Europeia, responsável única pelas plataformas e motores de busca de grande dimensão, e os Estados-Membros, responsáveis pelas demais plataformas. No que tange aos Estados-Membros, eles serão obrigados a indicar autoridades nacionais competentes, nomeadas de Coordenadores de Serviços Digitais, para supervisionar a conformidade dos serviços estabelecidos em seu território com as novas regras, além de participar de iniciativas de cooperação[71].

Todos os Coordenadores de Serviços Digitais irão cooperar em um grupo consultivo independente chamado de Conselho Europeu de Serviços Digitais, que atuará no apoio às análises, relatório se recomendações, além de coordenar uma ferramenta de investigações conjuntas. Quanto aos poderes da Comissão Europeia, destaca-se os poderes de investigação e a capacidade de aplicar multas de até 6% da receita global da plataforma impactada[72].

Próximos passos

Com o acordo político alcançado entre Parlamento Europeu e os Estados-Membros, o DSA deverá passar por uma aprovação formal por esses legisladores,

---

[68] European Commission. Digital Services Act: Commission welcomes political agreement on rules ensuring a safe and accountable online environment. Press Release, publicado em 23 abril 2022. Disponível em: https://ec.europa.eu/commission/presscorner/detail/en/IP_22_2545.
[69] Ibid.
[70] Ibid.
[71] Ibid.
[72] Ibid.

o que culminará na sua publicação no Jornal Oficial da UE. Após 20 dias da publicação, o regulamento entrará em vigor. Com aplicação direta em todos os Estados-Membros, o DSA passará a produzir seus efeitos 15 meses após a entrada em vigor ou a partir do dia 1º de janeiro de 2024, o que ocorrer mais tarde. Especificamente para as plataformas de grande dimensão, porém, o DSA será aplicável em momento anterior, quatro meses após a designação da plataforma como pertencente a essa classificação pela Comissão Europeia[73].

73 Ibid.

Sistemas de assinatura eletrônica: possíveis lições do direito comparado

Maria Gabriela Grings

29 de junho de 2022

Como ocorre em diversas searas, o direito procura adaptar-se ao novo ambiente digital buscando não abrir mão de seus dogmas e preceitos centrais, esculpidos ao longo de séculos e voltados para oferta de previsibilidade, certeza e confiabilidade na prática de atos jurídicos lato *sensu*. A incorporação da assinatura eletrônica como meio válido de manifestação da vontade exemplifica esse fenômeno, mas não sem trazer consigo algumas dúvidas e inseguranças, como costuma ocorrer em se tratando do acolhimento de novas tecnologias pelo direito. Nesse cenário, a comparação com as soluções adotadas por outros ordenamentos jurídicos pode lançar luzes importantes para o cenário nacional.

O direito comunitário europeu há muito demonstra preocupação com os documentos virtuais, principalmente com os elementos que garantem a eficácia e a validade dos negócios jurídicos neles instrumentalizados. Nesse contexto, a assinatura eletrônica é elemento que se destaca. A primeira regulamentação em nível comunitário ocorreu com a Diretiva 1999/93/CE. O documento elaborado na virada do século antevia a importância crescente dos meios digitais e a necessidade de autenticação de dados e de uniformização da legislação dos Estados-Membros sobre o tema. O enfoque estava no desenvolvimento do incipiente mercado interno de circulação de bens e serviços via comércio eletrônico.

Havia preocupação com a interoperabilidade dos produtos associados às assinaturas eletrônicas e com a sua confiabilidade, que não se restringia ao âmbito do fomento ao comércio interno. A modalidade de assinatura eletrônica baseada em certos requisitos básicos, como a associação inequívoca ao signatário, permitindo a sua identificação, criada por mecanismos que permitam o seu controle exclusivo e a detecção de alterações de seus dados foi denominada de assinatura eletrônica avançada (artigo 2 (2)). Ainda que não houvesse menção direta à expressão assinatura eletrônica qualificada, ela já se fazia presente quando da diferenciação conceitual entre certificado eletrônico (artigo 2 (9)), voltado a garantir a existência de liame entre os dados de verificação da assinatura e a identidade do signatário e certificado qualificado (artigo 2 (10)), que deveria atender a diversos requisitos adicionais, entre eles, ser emitido por um prestador de serviços de certificação que deveria ser dotado de credibilidade para os serviços ofertados, e assegurar a verificação, via meios adequados, dos atributos de identidade da pessoa física ou jurídica para a qual o certificado seria emitido.

O avanço das transações eletrônicas, aliado ao objetivo de criação de um mercado único digital até 2015, com facilitação do uso de serviços eletrônicos, fez com que a normativa europeia fosse revista. O intuito era o de assegurar que os cidadãos pudessem valer-se de uma única identidade eletrônica, válida perante todos os Estados-Membros, o que ampliaria a oferta de serviços prestados em nível transfronteiriço, dependentes da existência de serviços de identificação com amplo reconhecimento estatal por todos os entes comunitários. O fortalecimento do sistema de assinatura eletrônica e dos seus mecanismos de confiabilidade tornou-se central para o alcance da meta proposta.

O Regulamento 910/2014/CE — conhecido como "Regulamento eIDAS", de *electronic IDentification, Authentication and trust Services* — foi editado pelo Parlamento e pelo Conselho Europeu buscando atualizar o quadro normativo europeu nessa seara. Foi introduzida nova modalidade de assinatura eletrônica, a *qualificada*, que se diferencia das anteriores já existentes por ser "*uma assinatura eletrônica avançada criada por um dispositivo qualificado de criação de assinaturas eletrônicas e que se baseie num certificado qualificado de assinatura eletrônica*" (artigo 3 (10)). Para ser adjetivada como qualificada, uma assinatura deve observar parâmetros próprios que recaem, com destaque, sobre o prestador do serviço de certificação e os meios técnicos por eles empregados, descritos de maneira pormenorizada nos Anexos I e II do Regulamento.

Para assegurar o nível de confiabilidade das assinaturas eletrônicas, foi instituído que cada Estado-Membro deveria designar uma autoridade supervisora responsável pela regulação da matéria em sua jurisdição. Novamente foi estabelecida distinção com relação à assinatura qualificada: todos aqueles que prestam essa modalidade de serviço seriam submetidos a um escrutínio mais intenso, via relatórios e avaliações de conformidade (Considerando 43), enquanto "*os prestadores não qualificados de serviços de confiança deverão ser sujeitos a uma supervisão ligeira e reativa realizada, a posteriori e justificada pela natureza dos seus serviços e operações*" (Considerando 36).

A fim de dirimir quaisquer dúvidas sobre a natureza diferenciada da assinatura eletrônica qualificada e o seu grau hierárquico superior, em comparação com as espécies simples e avançada, foi expresso textualmente que ela possui efeitos legais equivalentes à assinatura manuscrita e que os Estados-Membros não podem alterar a equiparação realizada em nível comunitário (Considerando 49).

A maior confiabilidade da assinatura eletrônica qualificada e o seu uso exclusivo para atos jurídicos envolvendo bens com maior grau de proteção jurídica é extraído de diversas experiências de direito comparado. No Acordo de Comércio e Cooperação firmado entre a União Europeia, a Comunidade Europeia de Energia Atômica, o Reino Unido e a Irlanda do Norte, firmado em 2020 após a saída do Reino Unido da União Europeia, foi estabelecida a liberdade de celebração de contratos eletrônicos, sendo impossibilitada, como regra geral, a criação de obstáculos na validação ou geração de efeitos jurídicos dos negócios jurídicos eletrônicos. Todavia, foram estabelecidas exceções, entre elas a prestação de serviços notariais e equivalentes e contratos que impliquem na transferência de imóveis, entre outros. Foi estabelecido que as Partes do acordo podem solicitar que métodos de autenticação devam ser certificados por autoridade certificadora, ou seja, com uso exclusivo de assinatura qualificada.

O posicionamento presente no direito comunitário europeu encontra-se refletido na legislação de diversos Estados-Membros, que tendo como base a normativa editada pelo Parlamento podem especificar para quais atos jurídicos cada espécie de assinatura eletrônica será admitida. Como regra geral, transações imobiliárias somente podem empregar assinatura qualificada, parâmetro adotado explicitamente, por exemplo, na Itália e na Bulgária (nesta como regra geral) e também na Escócia, externa à zona do euro.

A opção adotada pela Europa continental é verificada em ordenamentos variados. No ano 2000, o Parlamento indiano aprovou o "Ato de Tecnologia da Informação", prevendo o uso de assinaturas eletrônicas para diversas operações, com ressalva para atos de disposição testamentária e contratos de transmissão de propriedade imóvel (artigo 1 (4)). A África do Sul reconhece a validade e a eficácia das assinaturas eletrônicas desde 2002, mas excepciona seu uso para alguns atos, como arrendamentos de longo prazo de bens imóveis e contratos de compra e venda imobiliários (artigo 4(4)). A China possui normativa similar, de 2004, impedindo o uso de assinaturas eletrônicas avançadas para declarações envolvendo *status* pessoais, transferência de direitos e interesses concernentes a direitos reais, além de outras hipóteses envolvendo serviços de utilidade pública (artigo 3).

Com a edição da Lei nº 14.063/2020, conhecida como "Lei das Assinaturas Eletrônicas", o Brasil adotou as três modalidades de assinatura já previstas no continente europeu, indicando como *qualificada* a assinatura emitida via certificado digital, de acordo com as diretrizes da Infra-Estrutura de Chaves Públicas Brasileira — ICP-Brasil, definidas na Medida Provisória nº 2.200-2 de 2001, consolidada e amplamente utilizada em negócios jurídicos eletrônicos com sucesso, há mais de vinte anos no país. A racionalidade presente no direito comparado de adoção de critérios mais rigorosos para as operações jurídicas que tenham como objeto a transferência de imóveis foi seguida pelo legislador nacional no artigo 5º, §2º, IV.

Entretanto, a Medida Provisória nº 1.085/2021 busca alterar o cenário vigente, permitindo que sejam enviados dados e informações para os oficiais de registros públicos via assinatura eletrônica avançada "*(...) que utiliza certificados não emitidos pela ICP-Brasil ou outro meio de comprovação da autoria e da integridade de documentos em forma eletrônica, desde que admitido pelas partes como válido ou aceito pela pessoa a quem for oposto o documento (...)*" (artigo 4º, II, Lei nº. 14.063/2020). Altera-se, inclusive, a redação atual do artigo 17 da Lei de Registros Públicos para permitir essa espécie de assinatura para transações de registro imobiliário.

Há claro retrocesso na proteção jurídica conferida aos negócios jurídicos, especialmente aqueles em que, além da presença de agente capaz, objeto lícito, possível, determinado ou determinável[74], são exigidos requisitos formais próprios, como a transferência imobiliária. A eficácia do ato decorre da apresentação do título translativo perante o oficial de registro de imóveis[75]. Tal como atualmente posto, o oficial será obrigado a conferir efeitos amplos ao título apresentado em que a vontade das partes foi materializada através de assinatura eletrônica elaborada fora do sistema de chaves públicas de certificação qualificada. As repercussões para os sujeitos do ato jurídico e para a sociedade em geral na hipótese de registro de ato defeituoso que exprime vontade viciada de um dos agentes é incomensurável.

O sistema de assinaturas eletrônicas é um avanço para as prestações de serviços e intercâmbio de bens e se apresenta como etapa natural do desenvolvimento do requisito da forma dos atos jurídicos. Contudo, não pode ser utilizado em detrimento da eficácia e da validade. A MP nº 1.085/2021 ao possibilitar que negócios jurídicos de importância ímpar como as transações imobiliárias possam ser firmados por mera assinatura avançada, dispensando o sistema de certificação qualificado e todas as garantias a ele inerente, presente apenas na assinatura por chaves públicas via assinatura qualificada, retira a confiabilidade da adoção das assinaturas eletrônicas para esse tipo de operação, indo em sentido contrário à solução adotada por diversos outros países.

---

[74] Artigo 104, Código Civil.
[75] Artigo 1.245, Código Civil.

Guia nº 3/2022 da EDPB e a discussão sobre dark patterns

Amália Batocchio

05 de julho de 2022

O atual estágio de desenvolvimento da internet permite um mundo de opções a poucos cliques. Sites e aplicativos são criados para serem cada vez mais intuitivos e fáceis de usar, e essa facilidade impacta na experiência de uso da internet e pode ser determinante para o sucesso de um negócio online.

A abordagem de design voltada à experiência do usuário é chamada de "*user interface*" ou "*user experience design*". Seu objetivo é analisar quais decisões de design levam a quais mudanças comportamentais dos usuários e, assim, são úteis para determinar qual deve ser a estrutura "ideal" de um site. Essas decisões incluem aspectos como o design de cores e escolha de palavras, o que permite implementar aquelas configurações que são mais propensas a aumentar a facilidade de uso, o tempo que o usuário passa em um site ou, simplesmente, gerar mais *clicks*[76].

Embora estratégias de design possam ser usadas para garantir a facilidade de uso dos serviços digitais, a prática também pode ser aproveitada para promover comportamentos contrários às leis de proteção de dados pessoais e de direito do consumidor. Casos em que as ferramentas de design excedem os limites legais ficaram conhecidos como "*dark patterns*", ou "padrões escuros", termo criado em 2010 pelo britânico Harry Brignull, especialista em *user experience*, e criador do site darkpatterns.org, hoje, https://www.deceptive.design/[77].

A indústria do varejo há muito tempo usa de práticas para manipular o comportamento dos consumidores, como por exemplo, anunciar promoções e descontos que verdadeiramente não existem Também a literatura de economia comportamental estuda há décadas como decisões e comportamentos irracionais, bem como "*nudges*" — podem ser aplicados, de forma ética ou não, para que os clientes consumam mais. Hoje em dia, essa prática é potencializada

---

[76] RIEGER, Sebastian; SINDERS, Caroline. Dark Patterns: Regulating Digital Desing. Stiftung Neue Verantwortung. 13 de maio de 2020. Disponível em: https://www.stiftung-nv.de/sites/default/files/dark.patterns.english.pdf. Acesso em 22 de março de 2022. p. 7-9.

[77] Conforme explicado no site https://www.deceptive.design/ mantido por Harry Brignul, o termo "deceptive design" está sendo usado no lugar de "dark patterns" por ser entendido como mais claro e inclusivo. O site inclui em seu "hall of shame" uma lista de práticas de sites e aplicativos consideradas dark patterns.

pela grande quantidade de dados que uma empresa na internet pode coletar sobre os hábitos de consumo de seus clientes[78].

Atentando-se aos impactos que os dark patterns podem ter para a proteção de dados pessoais, em março de 2022 o European Data Protection Board ("EDPB"), emitiu o Guia nº 3/2022[79]. O informativo, cujo título em inglês é "Dark patterns in social media platform interfaces: How to recognise and avoid them" traz recomendações para que designers e usuários de plataformas de mídias sociais possam analisar e evitar implementar aquelas formas de *dark patterns* que possam infringir a lei de proteção de dados.

Mas muito embora o guia europeu seja um importante passo para esclarecer e solidificar a preocupação causada pelos *dark patterns*, outras autoridades já haviam discutindo e tomando medidas sobre o tema anteriormente.

Em 2021, a Organização para Cooperação e Desenvolvimento Econômico (OCDE) promoveu um encontro para discutir o tema, resultado de diversos trabalhos em que a organização buscava entender os riscos que estariam surgindo para os consumidores no mercado online. Buscava-se entender os diversos tipos de *dark patterns*, como eles podem prejudicar os consumidores, além de questionar quais os desafios futuros e as brechas regulatórias[80].

Por sua vez, os Estados Unidos apresentaram um forte movimento legislativo para combater os *dark patterns*. Em nível federal, o Senado Americano propôs o "Deceptive Experiences to Online Users Reduction Act" (Detour Act), que proibiria grandes plataformas de usar *dark patterns* para obter dados dos consumidores[81]. No estado da Califórnia, o tema foi endereçado por meio do "California Privacy Rights Act" (CPRA), que bane a venda ou compartilhamento de dados pessoais obtidas por meio de interfaces manipuladoras[82]. Ainda, foram introduzidas

---

[78] NARAYANAN, Arvind; MATHUR, Arunesh; CHETTY, Marshini; KSHIRSAGAR, Mihir. Dark Patterns: Past, Present, and Future. Queue. Março-abril 2020. p. 67-92. Disponível em: https://queue.acm.org/detail.cfm?id=3400901. Acesso em 2 de abril de 2022.

[79] EDPB — European Data Protection Board. Guidelines 3/2022 on Dark patterns in social media platform interfaces: How to recognise and avoid them. 21 de março de 2022. Disponível em: https://edpb.europa.eu/system/files/2022-03/edpb_03-2022_guidelines_on_dark_patterns_in_social_media_platform_interfaces_en.pdf. Acesso em 2 de abril de 2022.

[80] OCDE — Organização para Cooperação e Desenvolvimento Econômico. Roundtable on Dark Commercial Patterns Online. Disponível em: https://www.oecd.org/officialdocuments/publicdisplaydocumentpdf/?cote=DSTI/CP(2020)23/FINAL&docLanguage=En. Acesso em 10 de abril de 2022.

[81] Mark Warner and Debra Fischer. Senators Introduce Bipartisan Legislation to Ban Manipulative "Dark Patterns". 9 de abril de 2019. Disponível em: https://www.fischer.senate.gov/public/index.cfm/2019/4/senators-introduce-bipartisan-legislation-to-ban-manipulative-dark-patterns. Acesso em 16 de abril de 2022.

[82] MARTINEZ, Maricarmen; DELSOL, Gabriel. Banning Dark Patterns – Far From a Light Task. Center for European Policy Analysis - CEPA. 5 de abril de 2022. Disponível em: https://cepa.org/banning-dark-patterns-far-from-a-light-task/. Acesso em 16 de abril de 2022.

alterações ao "California Consumer Privacy Act" (CCPA) para acrescentar menção aos *dark patterns*, inclusive determinando que formas de consentimento obtidas por meio destes não constituiriam formas válidas de consentimento[83].

Também na Europa é possível citar exemplos de autoridades que emitiram decisões e estudos sobre o tema dos *dark patterns*. A autoridade de proteção de dados francesa, "Commission Nationale de l'Informatique et des Libertés" (CNIL), no mesmo sentido, emitiu relatório em 2019 com o título "Shaping Choices in the Digital World: From dark patterns to data protection: the influence of UX/UI design on user empowerment". O relatório classifica práticas que podem ser entendidas como *dark patterns* e faz sugestões sobre como tornar o design de interfaces parte da discussão da proteção de dados pessoais[84].

A autoridade holandesa, "Netherlands Authority for Consumers & Markets" (ACM), também publicou, em 2020, diretrizes sobre a proteção do consumidor digital, especialmente se atentando para formas de persuasão online. Algumas das recomendações dadas pela ACM são no sentido de garantir que as informações possam ser encontradas facilmente, e que os designs dos sites sejam lógicos e justos, certificando-se que os consumidores não sejam enganados pelo desenho dos sites, e permitindo que os usuários tomem decisões informadas[85].

Em 2020, "Competition and Markets Authority" (CMA), autoridade do Reino Unido, realizou estudo sobre plataformas online e publicidade digital. Dentro da discussão sobre *dark patterns* (sem usar expressamente do termo), a autoridade concluiu que a escolha de arquitetura da plataforma online poderia inibir a habilidade dos consumidores de exercitar escolhas informadas, e levaria os consumidores a tomar decisões apenas no melhor interesse da plataforma[86].

Com base na análise da produção legal e das publicações das autoridades de proteção de dados e de defesa do direito dos consumidores, é possível notar que a definição precisa do que consistiria um *dark pattern* é objeto de discussão,

---

[83] CALIFORNIA. California Consumer Privacy Act Of 2018. Disponível em: https://leginfo.legislature.ca.gov/faces/codes_displayText.xhtml?division=3.&part=4.&lawCode=CIV&title=1.81.5. Acesso em 16 de abril de 2022.

[84] CNIL - Commission Nationale de l'Informatique et des Libertés. Shaping Choices in the Digital World: From dark patterns to data protection: the influence of ux/ui design on user empowerment. Janeiro de 2019. Disponível em: https://linc.cnil.fr/sites/default/files/atoms/files/cnil_ip_report_06_shaping_choices_in_the_digital_world.pdf. Acesso em 15 de abril de 2022.

[85] ACM - Netherlands Authority For Consumers & Markets. ACM Guidelines on the Protection of the Online Consumer — Boundaries of online persuasion. 11 de fevereiro de 2020. Disponível em: https://www.acm.nl/sites/default/files/documents/2020-02/acm-guidelines-on-the-protection-of-the-online-consumer.pdf. Acesso em 10 de abril de 2022.

[86] CMA — Competition & Markets Authority. Online platforms and digital advertising market study. 1 de julho de 2020. Disponível em: https://assets.publishing.service.gov.uk/media/5fa557668fa8f5788db46efc/Final_report_Digital_ALT_TEXT.pdf. Acesso em 10 de abril de 2022. p. 14

especialmente tendo-se em consideração a necessidade de se diferenciar quais seriam práticas comerciais lícitas de convencimento e quais violariam direitos dos usuários e consumidores. Mathur, Mayer e Kshirsagar, em linhas gerais, propõem dois critérios para essa diferenciação. Em primeiro lugar, os autores destacam que os *dark patterns* podem ser identificados por meio da modificação da "arquitetura de escolha" do usuário, o que faz com que os consumidores não sejam capazes de tomar decisões independentes e informadas. Em segundo lugar, os autores destacam o prejuízo sofrido pelo consumidor, seja pela perda ao bem estar individual (financeira ou de violação de privacidade) e de autonomia (pela redução da capacidade de tomar decisões livres e informadas)[87].

O Guia nº 3/2022 da EDPB apresenta sua definição de *dark patterns* enquanto *"interfaces e experiências de usuário implementadas em plataformas de mídia social que levam os usuários a tomar decisões não intencionais, relutantes e potencialmente prejudiciais sobre o processamento de seus dados pessoais"* [88].

Destaca-se aqui a relevância da definição em indicar qual será a abordagem da autoridade europeias sobre o tema. Mas ainda que não usasse expressamente do termo *dark patterns*, a lei de proteção de dados europeia — a "General Data Protection Regulation" (GDPR) — já contemplava práticas que incluíam os *dark patterns*.

Por exemplo, quando são ativados por padrão os recursos e opções mais invasivos de dados (o que estimula os indivíduos a manter uma opção prejudicial pré-selecionada), viola-se o princípio da "proteção de dados por padrão", conforme Artigo 25 do GDPR. Uma especial atenção também pode ser dada dentro de questões como a obtenção do consentimento nos termos do Artigo 7 da GDPR, que poderá não ser *"livre, específico, informado e não ambíguo"* quando obtido por meio dos *dark patterns*.

Além disso, os *dark patterns* também ferem outros princípios estabelecidos no Artigo 5 da GDPR — como transparência e finalidade, por exemplo, e é nesse sentido que o guia europeu dá especial destaque a eles. Além disso, o Guia nº

---

[87] MATHUR, Arunesh; MAYER, Jonathan; KSHIRSAGAR, Mihir. What Makes a Dark Pattern... Dark? Design Attributes, Normative Considerations, and Measurement Methods. In CHI Conference on Human Factors in Computing Systems (CHI '21), 8 a 13 de maio, 2021, Yokohama, Japan. ACM, New York, NY, USA. 13 de janeiro de 2021. Disponível em: https://arxiv.org/pdf/2101.04843.pdf. Acesso em 5 de abril de 2022.

[88] No texto original: "In the context of these Guidelines, 'dark patterns' are considered as interfaces and user experiences implemented on social media platforms that lead users into making unintended, unwilling and potentially harmful decisions regarding the processing of their personal data". EDPB — European Data Protection Board. Guidelines 3/2022 on Dark patterns in social media platform interfaces: How to recognise and avoid them. 21 de março de 2022. Disponível em: https://edpb.europa.eu/system/files/2022-03/edpb_03-2022_guidelines_on_dark_patterns_in_social_media_platform_interfaces_en.pdf. Acesso em 2 de abril de 2022. p. 2.

3/2022 destaca a importância de que a lei seja observada durante todo o "ciclo de vida" da conta do usuário, e traz exemplos de melhores práticas de forma a evitar a infração dos direitos de proteção de dados.

O guia também enumera seis tipos de *dark patterns* — deixando explícito que se trata de uma lista não exaustiva. Em linhas gerais são eles: (1) *Overloading*: confrontar os usuários com uma grande quantidade de solicitações, informações, opções ou possibilidades, a fim de levá-los a compartilhar mais dados ou, involuntariamente, permitir o processamento de dados pessoais contra suas expectativas; (2) *Skipping*: projeção da interface/experiência do usuário de uma forma que os usuários esqueçam ou não pensem na de proteção de dados; (3) *Stirring*: afeta a escolha que os usuários fariam apelando para suas emoções ou usando "*nudges*" ("cutucadas") visuais; (4) *Hindering*: obstrução ou bloqueio dos usuários em seu processo de se informar ou gerenciar seus dados, tornando a ação mais difícil ou impossível; (5) *Fickle*: o design da interface é inconsistente e não é claro, dificultando que os usuários naveguem nas diferentes ferramentas de controle de proteção de dados e entendam o propósito do processamento; (6) *Left in the dark*: uma interface é projetada de forma a ocultar informações ou ferramentas de controle de proteção de dados, ou deixar os usuários inseguros sobre como seus dados são processados e que tipo de controle eles podem ter sobre ele sobre o exercício de seus direitos.

A lei de proteção de dados brasileira, a Lei Geral de Proteção de Dados (LGPD) também não faz menção expressa aos *dark patterns* mas, nos moldes da lei europeia, seus princípios, previstos no Artigo 6º, podem ser invocados contra práticas que venham a prejudicar os titulares de dados. Nesse sentido, destaca-se que, de acordo com o Artigo 8º, §3º da LGPD, é vedado o tratamento de dados pessoais obtido mediante vício de consentimento, o que em grande medida, poderia ser aplicado contra as práticas de *dark patterns*.

Nesse sentido, o Guia nº 3/2022 da EDPB é relevante enquanto demonstra ao mesmo tempo a preocupação da autoridade europeia com o tema, indica como será a análise e enfrentamento dos *dark patterns*. Mas além disso, com o guia, a EDPB mostra que o tema, apesar de não expressamente disposto na GDPR, é abarcado pelos princípios da lei, e pode ser enfrentado pela autoridade. O mesmo pode ser dito da lei brasileira.

Notas sobre a posição das plataformas digitais no cenário regulatório global

Carolina Xavier Santos, Maria Gabriela Grings, Tatiana Bhering Roxo e Samuel Rodrigues de Oliveira

02 de agosto de 2022

Nos últimos anos, as tensões envolvendo plataformas digitais e os debates acerca da necessidade de sua regulação têm sido observados ao redor do mundo. Vide os questionamentos enfrentados por Mark Zuckerberg, fundador e presidente-executivo do Facebook (agora Meta), perante o Senado dos Estados Unidos, após os escândalos envolvendo o vazamento de dados dos usuários pela Cambridge Analytica. Ou, ainda, as intensas pressões vindas de diversos Estados para que ações fossem tomadas para coibir as fake news no ambiente digital. No Brasil, por exemplo, foram assinados, neste ano de 2022, acordos com representantes de plataformas como Twitter, TikTok e Google, com o objetivo de combater a disseminação de desinformação no processo eleitoral.

O cenário demonstra que essas empresas têm sido chamadas a assumir sua relevância nos processos políticos e no exercício de direitos fundamentais dos cidadãos e, por consequência, a arcar com os riscos e as responsabilidades advindas de tamanho poder. No entanto, nem sempre foi assim. Tamanho poder, inclusive, pode ser considerado fruto do paradigma que vigorou durante os primeiros estágios de desenvolvimento da internet, quando movimentos libertários defendiam a ausência de qualquer intervenção estatal no ambiente online. Destaque-se, nesse período, a Declaração de Independência do Ciberespaço, de 1996, na qual o famoso ativista John Perry Barlow teve papel fundamental.

Sob tal paradigma e sob a justificativa do fomento à inovação, os primeiros documentos regulatórios estabeleceram regimes de ampla proteção às empresas e a ausência de obrigações de monitoramento do conteúdo. Nos Estados Unidos, a matéria é prevista na seção 230 do *Communications Decency Act*, que determina a imunidade dos intermediários quanto ao material gerado por terceiros, considerando que tais atores não deveriam ser equiparados a editores (*publishers*), mas apenas a distribuidores (*distributors*) da informação; e, ainda, concede proteção para que façam a moderação de conteúdo que considerarem obsceno ou ofensivo[89]. No caso europeu, a Diretiva do Comércio Eletrônico prevê,

---

[89] Ver: https://www.conjur.com.br/2022-mai-04/direito-digital-secao-230-cda-artigo-19-marco-civil-internet

nos artigos 12 a 15, o regime do *notice-and-take-down*, pelo qual a responsabilização das plataformas dependeria do efetivo conhecimento do material ilegal[90].

No Brasil, o Marco Civil da Internet seguiu caminho similar. Apesar de ter sido promulgado apenas em 2013 — anos depois do que ocorreu na Europa e nos Estados Unidos — o documento, que disciplina o uso da internet no país, tem seu modelo de responsabilização bastante restrito, baseando-se nesse mesmo paradigma. De acordo com o artigo 19, a responsabilidade civil dos provedores por danos decorrentes de conteúdo gerado por terceiros depende do descumprimento de ordem judicial específica — requisito que terá sua constitucionalidade discutida pelo Supremo Tribunal Federal no Tema 987. Essas previsões partem do mesmo pressuposto de que os intermediários online seriam meros condutores do fluxo comunicacional, isto é, serviriam apenas como uma espécie de ponte de ligação entre dois pontos: aquele que envia a mensagem e aquele que a recebe. Diante disso, sua função deveria ser apenas reativa.

Ocorre que, décadas depois da promulgação desses diplomas legais, já foi possível perceber os problemas e as desvantagens dos modelos adotados. Episódios recentes como a Primavera Árabe, as eleições norte-americanas de 2016 e a pandemia do coronavírus revelaram o enorme poder detido pelas grandes plataformas e a verdadeira natureza de suas atividades. Não há como se falar em "meros condutores" diante do constante monitoramento de atividades e comportamentos dos usuários, de sua utilização para o direcionamento de publicidade, ou, até mesmo, da própria seleção/filtragem/organização do conteúdo disponibilizado. Ou seja, as plataformas não apenas conectam dois pontos, mas assumem uma postura ativa quanto ao fluxo da informação, operando um complexo sistema de moderação de conteúdo.

Essa percepção foi sendo paulatinamente compreendida, processo que se revelou, primeiramente, via Poder Judiciário. Devido a todos os impactos que o digital pode trazer ao exercício e ao escopo de direitos fundamentais, os tribunais têm sido chamados, há anos, a resolver conflitos ocorridos nesses espaços. E, diante de novos contextos fáticos e munidos de instrumentos normativos normalmente insuficientes para lidar com essas novidades, as cortes tiveram a oportunidade de oferecer soluções interpretativas novas, desafiando tradicionais narrativas acerca da internet e definindo novos contornos e parâmetros de atuação às empresas[91].

Hoje, estamos diante de uma verdadeira mudança de paradigma, na qual, a partir da compreensão do papel e do poder acumulado pelas plataformas digitais,

---

[90]   Ver: https://www.conjur.com.br/2022-mai-18/direito-digital-diretiva-comercio-eletronico-europa-avaliacoes-finais

[91]   Cf., por exemplo, Zhong Qin Wen v. Baidu (Beijing Higher People's Court, 2014); Delfi AS v. Estonia (TEDH, 2015); Google Spain v. AEPD e Mario Costeja González (TJUE, 2014).

busca-se atribuí-las responsabilidades condizentes com sua centralidade no cenário político, econômico e social. Essa transição pode ser percebida não só no teor das decisões judiciais, mas, agora, também nas crescentes discussões legislativas que trouxeram uma nova onda de documentos legais.

Na Europa, por exemplo, foi aprovado, neste ano, o *Digital Services Act* (DSA)[92], que regula os intermediários da sociedade da informação, atualizando as previsões da Diretiva do Comércio Eletrônico. Com um modelo de regulação gradual — de acordo com a natureza dos serviços em causa e com o tamanho das empresas, tendo como referência o número de utilizadores — a lei determina que os termos e condições das plataformas devam ser estabelecidos dentro dos parâmetros legais europeu e dos Estados-Membros e, ainda, que sua aplicação leve em consideração direitos fundamentais dos usuários (artigo 12). Assim, parte-se do princípio básico de que o que é considerado ilegal naquelas jurisdições passa a sê-lo também no ambiente online. Além disso, apesar de manter o regime anterior de responsabilidade (o *notice-and-take-down*) são impostos diversos deveres procedimentais às empresas, como certas obrigações de transparência e de supervisão.

Essa nova onda de diplomas legais também alcança o Brasil, especialmente por meio do PL 2.630/2020, popularmente conhecido como PL das Fake News, em tramitação na Câmara dos Deputados. Também com foco na criação de regras para a moderação de conteúdo, o projeto estabelece prazos, deveres de prestação de contas e a garantia do direito ao contraditório ao usuário, e trata, ainda, da remuneração do jornalismo e da regulação de mensageria privada.

E como ficam os direitos autorais?

A nova compreensão acerca da natureza das atividades desenvolvidas pelos prestadores de serviços online não impactou apenas as regulações voltadas à moderação de conteúdo. A proteção de direitos autorais — dificultada diante da facilidade e da rapidez de propagação e compartilhamento de materiais no ambiente digital — também foi alvo de mudanças nesse movimento global de responsabilização das plataformas.

Até recentemente, a questão era tratada sob o modelo do *notice-and-take-down*, isto é, da obrigação específica de agir a partir do conhecimento. Originada do regime estadunidense delineado no *Digital Millenium Copyright Act*, a regra acabou por se tornar um *standard* global. Nessa lógica, os custos da identificação

---

92 O documento, ao lado do Digital Markets Act e da Proposta de Regulação da Inteligência Artificial, faz parte da Estratégia Digital do bloco europeu.

do material protegido e da notificação da plataforma recaíam sobre os titulares do direito ou outros usuários.

Em 2019, no entanto, acompanhando as pressões sobre as *Big Techs*, foi aprovada a *Copyright Directive*, diretiva de direitos de autor da União Europeia, que busca corrigir as distorções quanto aos rendimentos gerados pelo uso online de materiais protegidos, fenômeno chamado de "*value gap*". A ideia é que haja um redirecionamento das receitas das gigantes de tecnologia para artistas e jornalistas, por meio da imposição de obrigações de monitoramento proativo do conteúdo disponibilizado[93]. O diploma legal chama atenção, principalmente, por seu artigo 17, que formula um mecanismo específico de responsabilidade para direitos autorais: cria uma base jurídica para os titulares de direito autorizarem a utilização das obras e prevê um regime para que as plataformas possam evitar responsabilização na ausência de autorização[94]. Tal regime é baseado em três condições que envolvem amplos deveres de diligência, incluindo que sejam tomadas todas as medidas para prevenir que o conteúdo ilegal seja publicado novamente — o mecanismo do *notice-and-stay-down*.

O controverso dispositivo gerou duas principais críticas. A primeira diz respeito à diferença entre imposições de obrigações gerais e específicas de monitoramento. A princípio, o próprio artigo 17 (8) da diretiva deixa claro que "*a aplicação do presente artigo não implica qualquer obrigação geral de monitorização*". Na prática, no entanto, como cumprir as obrigações impostas sem que seja estabelecido um sistema de monitoramento geral do conteúdo compartilhado? — a regra contraria a jurisprudência do Tribunal de Justiça da União Europeia, que proíbe tal imposição[95].

Além disso, apesar de não especificar quais meios deverão ser utilizados, os autores defendem que o texto legal incita a utilização dos chamados filtros de *upload*, mecanismos automatizados que operam cruzando o material a ser postado com um banco de dados de direitos autorais e, assim, verificando se há violação de direito. Isso porque, dado o massivo volume de conteúdo postado a cada minuto, ferramentais manuais não parecem ser suficientes. Vale lembrar que um sistema similar já é utilizado pelo YouTube, sob o nome de *Content ID* que, ao identificar a suposta ilegalidade do conteúdo, notifica o autor que, por sua vez, pode, por exemplo, bloquear o vídeo ou mantê-lo no ar e gerar receita a partir da publicidade nele inserida. O sistema já é bastante criticado, principalmente por gerar os chamados "falsos positivos". Além das tecnologias hoje existentes serem demasiadamente custosas, ainda não são sofisticadas a ponto de distinguir o que é de uso proibido e o que constitui exceção, dentre elas, material de domínio público, citações e paródias permitidas em lei, o que

---

[93] FROSIO, Giancarlo; MENDIS, Sunimal. Monitoring and filtering: European reform or global trend?, in: Center for International Intellectual Property Studies Research Paper n. 2019-05, p. 20.
[94] Ver: https://eur-lex.europa.eu/legal-content/PT/TXT/HTML/?uri=CELEX:52021DC0288&from=EN.
[95] Como definido em Eva Glawischnig-Piesczek v. Facebook Ireland Limited (TJUE, 2019, §34).

acaba por punir usos legítimos, e, assim, impactar diretamente direitos fundamentais dos usuários.

Quanto a essas e outras críticas que recebeu o artigo 17, vale destacar a recente decisão do Tribunal de Justiça da União Europeia, em resposta a um pedido da Polônia para que o artigo fosse anulado por, supostamente, desrespeitar o direito à liberdade de expressão e informação dos cidadãos europeus[96]. Na ocasião, apesar de ter negado o pedido, o tribunal determinou aos Estados-membros que a transposição do texto para o direito interno baseie-se "numa interpretação desta disposição que permita assegurar o justo equilíbrio entre os direitos fundamentais protegidos pela Carta" (§99). Dentre tais salvaguardas, estão: a garantia de que sejam respeitadas as exceções e limitações ao direito do autor, excluindo, portanto, medidas que filtram e bloqueiam conteúdos lícitos no momento do carregamento (§§ 85 a 88); a garantia de que as plataformas não sejam obrigadas a prevenir o carregamento de materiais cuja certificação de ilicitude requeira um "exame jurídico aprofundado" (§ 90); e, ainda, a previsão de mecanismos eficazes de reclamação e recurso, bem como de mecanismos de resolução extrajudicial (§§ 93 a 95). Diante disso, com essa importante decisão, o tribunal esclarece alguns questionamentos quanto ao dispositivo legal, pacifica algumas críticas e norteia a implementação do regramento pelos Estados-membros em direção à necessidade do devido balanceamento entre todos os direitos envolvidos: a liberdade de expressão e informação dos cidadãos, os direitos autorais dos titulares e a liberdade de empresa dos prestadores de serviços.

Para Giancarlo Frosio e Sunimal Mendis, o artigo 17 representa a consolidação legislativa da transformação dos operadores *online* de meros condutores para *gatekeepers* ativos quanto ao conteúdo gerado por terceiros[97]. No Brasil, no entanto, o tema ainda está em aberto. Legislativamente, os direitos autorais estão disciplinados pela Convenção de Berna para a Proteção das Obras Literárias e Artísticas, ratificada em 1975; e pela Lei de Direitos Autorais nº 9.610/98 que, além de especificar o que constitui obra intelectual protegida, prevê que qualquer uso, reprodução ou modificação deve ter autorização prévia do autor. Apesar disso, em se tratando de leis anteriores à popularização da internet e das plataformas digitais, não há, ainda, um modelo definido para a responsabilização dos intermediários — considerando-se que o Marco Civil da Internet excluiu as violações de direitos autorais da regra geral do artigo 19.

---

[96] Ver: https://curia.europa.eu/juris/document/document.jsf?text=&docid=258261&pageIndex=0&doclang=PT&mode=req&dir=&occ=first&part=1&cid=2153967

[97] FROSIO, Giancarlo; MENDIS, Sunimal. Monitoring and filtering, p. 19.

Assim, enquanto a regulação dos direitos autorais na internet não acontece, acompanhamos as discussões estrangeiras e o precedente europeu e a sua influência nos debates e na futura regulação do tema no Brasil.

Transanimalismo: reflexões sobre a natureza jurídica do animal cyborg

Aline Klayse dos Santos Fonseca

30 de agosto de 2022

Nos últimos anos, muitas pesquisas jurídicas têm sido desenvolvidas sobre o tema do transhumanismo, movimento sociopolítico e intelectual, tecnoprogressista, que defende o uso da tecnologia para transformar radicalmente o organismo humano, com o objetivo final dele se tornar "pós-humano". Através, por exemplo, do aprimoramento humano — conceito mais amplo, sendo definido como qualquer melhoria temporária ou permanente das características orgânicas ou funcionais do ser humano por meio de tecnologias naturais ou, principalmente, artificiais — o movimento incentiva o uso de novas tecnologias e parte da visão filosófica de que a natureza humana é naturalista, isto é, centra-se no ser humano como matéria, tal como o fazem o materialismo, o empirismo, o mecanicismo ou o positivismo[98].

Alguns transhumanistas chegam a considerar a possibilidade de acessar a imortalidade por meio da criogenia ou da nebulização da mente, uma espécie de "download da mente", e, para alcançar tal objetivo, usa-se diferentes técnicas, especialmente, a nanotecnologia, a biotecnologia, a Ciência da Computação e Ciência Cognitiva (NBIC).

De modo relativamente semelhante, mas não quanto à presença nos debates acadêmicos, o transanimalismo decorre diretamente da corrente de pensamento do transhumanismo, investigando a possibilidade de aplicação das técnicas NBIC em animais para aumentar suas capacidades físicas e mentais, ou, também, para retardar, evitar e até eliminar doenças e mortes, no intuito de garantir sua maior longevidade.

Nesse contexto de uso de tecnologias em animais, importante fazer algumas distinções conceituais. Um animal aumentado pode ser definido como aquele ao qual se adicionou elementos humanos, ou, especialmente, mecânicos ou eletrônicos. Por exemplo, pesquisadores russos adicionaram visores com sistema de realidade virtual em vacas, para adaptar características estruturais das cabeças

---

[98] SERRA, Miguel-Angel. Human enhancement and functional diversity: Ethical concerns of emerging technologies and transhumanism. Mètode Science Studies Journal, núm. 12, pp. 169-175, 2022.

dos animais, de tal modo que, cada aparelho recebeu um programa exclusivo com imagens que simulam um campo durante o verão. Quando colocado nas vacas, elas passaram a ver um pasto tranquilo e bem verde, mesmo que, na realidade, o dia esteja nublado e que o animal esteja rodeado por várias outras vacas. Isso revelou uma ligação entre a experiência emocional de uma vaca e o aumento na produção de leite[99].

Note-se, portanto, que o aumento não é necessariamente uma melhoria (fisiológica ou moral), principalmente quando se trata de animais cujo destino é determinado por seres humanos, e, ainda, com o objetivo de exploração animais para aumento de produção.

De outro lado, utiliza-se o termo *cyborg* para expressar um organismo cibernético. Neste caso, tecnologias substituem partes do corpo, como a substituição de membros do corpo que tenham sido amputados, inclusão de sistemas de implante de medicamento, pele artificial, dentre outros. Inaugura-se, assim, a possibilidade de criação de seres vivos híbridos. Aí reside, também, a distinção entre robô, androide e *cyborg*: os primeiros são máquinas que fazem tarefas pré-programadas de forma autônoma. Quando os robôs são dotados de características humanas, são denominados de androide. Já os *cyborgs* são híbridos, ou seja, parte humanos, parte máquinas.

Já quanto ao transanimalismo, trata-se de uma corrente de pensamento, uma ideologia que retoma a lógica transumanista, ao pretender usar as tecnociências para modificar profundamente os animais. Os embates éticos e jurídicos que envolvem o transanimalismo residem sobre o fato de que, essencialmente, as manipulações no animal visam servir aos desejos e anseios dos seres humanos. É aí que se encontra a diferença entre o transanimalismo e o transumanismo: aquele não visa satisfazer as necessidades e desejos daqueles que passam pelas diversas transformações, mas sim as necessidades dos seres humanos, de modo que é imposto uma transformação ao animal, instrumentalizando-o para as próprias necessidades do ser humano[100].

O cerne está na legitimidade da seleção artificial científica quando ela é particularmente invasiva e vai contra a saúde e o bem-estar animal. De fato, a imposição de modificações fisiológicas e cognitivas invasivas, física e moralmente dolorosas, em seres vivos que são incapazes de recusar, ressoa em grandes embates éticos e jurídicos, mesmo quando essas modificações são consideradas positivas, por exemplo, na possibilidade de aumentar consideravelmente as

---

[99] BBC News Brasil. Vacas russas ganham visor de realidade virtual para reduzir ansiedade e dar mais leite. Disponível em https://www.bbc.com/portuguese/brasil-50581742. Acesso em 4 ago 2022.

[100] BAUMANN, Mickaël; DURAND, Victorien; SALAMONE, Valentin; WAGNER Colin; MARTINEZ, Dominique; THESSARD, Anne-Laure; SUEUR, Cédric. 2017. Transanimalisme et animal cyborg. *In*: Questions d'actualité en éthique animale (Ed.: Marie Pelé et Cédric Sueur), Éditions L'Harmattan, Paris, France.

capacidades cognitivas dos animais. Questiona-se: o ser humano tem o direito de modificar características orgânicas ou funcionais, utilizando tecnologias artificiais, outros animais que não podem consentir com isso?

Tais questionamentos são relevantes, sobretudo considerando os avanços jurídicos da tutela dos animais. Apenas para exemplificar, a evolução do estatuto jurídico dos animais na França, um dos países mais vanguardistas na tutela dos animais, tem como marco relevante a Lei de 10 de julho de 1976, relativa à proteção da natureza. O artigo 9º da referida norma jurídica dispõe que, qualquer animal que seja um ser senciente deve ser colocado por seu dono em condições compatíveis com os imperativos biológicos de sua espécie. Mais de 20 anos depois, o Código Civil Francês foi modificado para alterar a natureza jurídica dos animais que, embora ainda fossem considerados propriedade, deixavam de ser equiparados a coisas, e, em 2015, a noção de um ser vivo dotado de sensibilidade integra o Código Civil Francês.

Em sentido semelhante, a Declaração de Cambridge de 7 de julho de 2012 preceitua que os humanos não são os únicos que possuem os substratos neurológicos da consciência, sendo estes compartilhados com animais não humanos. Uma questão particularmente sensível diz respeito às modificações não beneficiam o animal como tal, em sua própria vida. Ele é então vítima de uma instrumentalização externa cuja justificação ética é difícil de conceber.

As questões levantadas pelo transanimalismo instigam maiores debates sobre a consideração moral dos animais[101], já que o crescimento das práticas técnico-científicas pode ocorrer em animais de produção, de laboratório e até de "companheiros", como no caso de se pretender clonar um cão de estimação que foi companheiro de anos de um idoso que sente excessivamente sua falta. Ademais, o tema requer uma análise mais minuciosa, já que em determinados animais, a sensibilidade à dor não é comprovada. Geralmente em insetos, não há receptores de dor, diferente de mamíferos em que a dor tem um interesse de longo prazo em se proteger[102].

Seja como for, o tema do transanimalismo se reflete na ideia de bem-estar animal. O bem-estar se tornou um conceito com semântica diversa, cujos componentes dependem principalmente do próprio sujeito e de suas expectativas. Nesse sentido, o bem-estar pretendido ou alcançado pode ter uma dimensão material,

---

[101] No debate ético, um paciente moral designa um ser digno de consideração ética, a quem reconhecemos a capacidade de sofrer, mas a quem não imputamos responsabilidade por seus atos – ao contrário dos agentes morais. THÉSSARD, Anne-Laure. Transanimalisme, animaux augmentés, animaux cyborg: vers un statut de "sous-machine"? Droit Animal, Éthique & Sciences, V. 93, 2017.

[102] BAUMANN, Mickaël; DURAND, Victorien; SALAMONE, Valentin; WAGNER Colin; MARTINEZ, Dominique; THESSARD, Anne-Laure; SUEUR, Cédric. 2017. Transanimalisme et animal cyborg. Dans : Questions d'actualité en éthique animale (Ed : Marie Pelé et Cédric Sueur), Éditions L'Harmattan, Paris, France.

afetiva, psicológica, social, econômica, etc., e o leque dos beneficiários é diverso. À esta lista não exaustiva, adiciona-se, também, os animais e o seu bem-estar.

A tendência de se tutelar o bem-estar animal desagua em normas jurídicas de diversos países. A União Europeia tem alguns dos mais elevados padrões de bem-estar animal do mundo, como se observa no artigo 13º, Título II do Tratado sobre o Funcionamento da União Europeia que dispões que a União e os Estados-Membros devem ter plenamente em conta os requisitos de bem-estar dos animais enquanto seres sencientes. Ademais, as regras de bem-estar animal da União Europeia refletem cinco liberdades: não sofrer de fome ou sede: não sofrer desconforto; não sofrer de dor, lesão ou doença; ser capaz de expressar os comportamentos naturais específicos da espécie; não sentir medo ou angústia.

Alinhado à necessidade de maior proteção do bem-estar animal, foi aprovado em 3 de outubro de 2018 o Código de Bem-Estar Animal da Valônia, visando garantir a proteção e o bem-estar animais, levando-se em consideração suas necessidades fisiológicas e etológicas, bem como seus papéis na sociedade e no meio ambiente. Um dos aspectos relevantes da referida norma jurídica é o estímulo ao desenvolvimento de métodos alternativos para experimentação animal (Arte. D.2. § 5º)[103], o que representa um avanço, já que laboratórios sacrificam vários milhões de animais por ano na esperança de fazer novas descobertas médicas e farmacológicas para melhorar e testar a eficácia dos tratamentos.

De modo semelhante, a Lei ordinária nº 3.917, de 20 de dezembro de 2021, do município de São José dos Pinhais (PR), instituiu a Política Municipal de Proteção e Atendimento aos Direitos Animais, tendo como princípios da Política Municipal de Proteção e Atendimento aos Direitos Animais, os princípios da "Dignidade Animal" (artigo 2º, I), da "Cidadania Animal" (artigo 2º, IV), dentre outros, e, ainda, avança ao reconhecer os animais como seres conscientes e sencientes e dotados de dignidade própria, sujeitos despersonificados de direito, fazendo jus à tutela jurisdicional, individual ou coletiva, em caso de violação de seus direitos (artigo 4º)[104].

O reflexo da ampliação da tutela dos animais tem incentivado pesquisas sobre o uso de inteligência artificial e *Big Data* para salvar a vida e evitar o sofrimento de animais não humanos[105]. Os modelos computacionais para previsão de

---

[103] Le code Wallon du bien-être animal. Disponível em https://www.wallonie.be/sites/default/files/2019-04/code_wallon_bea.pdf. Acesso em 3 ago 2022.

[104] Lei nº 3.917, de 20 de dezembro de 2021. Disponível em https://leismunicipais.com.br/a/pr/s/sao-jose-dos-pinhais/lei-ordinaria/2021/392/3917/lei-ordinaria-n-3917-2021-institui-a-politica-municipal-de-protecao-e-atendimento-aos-direitos-animais?q=Lei+N%C2%BA+3.917. Acesso em 30 jul 2022.

[105] MISAL, Disha. Eradicating animal testing with artificial intelligenc. Disponível em https://analyticsindiamag.com/eradicating-animal-testing-with-artificial-intelligence/. Acesso em 3 ago 2022.

toxicidade, por exemplo, podem fornecer informações sobre o potencial de perigo de produtos químicos sem testes em animais e pode ajudar na produção de dados sobre toxicidade preditiva e determinação de outros parâmetros regulatórios, evitando experimentos animais redundantes e desnecessários.

Mas além dessas questões de bem-estar animal que tangenciam o transanimalismo, surgem questionamentos sobre qual deve ser a natureza jurídica dos animais que são modificados ao serem aumentados com elementos eletrônicos, evitando, assim, reduzi-los a um objeto ou que diminua a sua proteção jurídica. De acordo com o Código Civil Brasileiro (artigo 82), os animais são bens móveis, doutrinariamente chamados de semovente, isto é, bens constituídos por animais selvagens, domesticados ou domésticos. Não obstante, o projeto de lei 27/2018 em tramitação, objetiva criar um regime jurídico especial para os animais, de modo a não serem mais ser considerados objetos, mas sim, serem classificados como sujeitos de direitos despersonificados, de natureza jurídica *sui generis*.

Assim, para o enquadramento da natureza jurídica dos animais *cyborgs*, é necessário, antes de tudo, que as representações atuais e categorização jurídica dos animais evoluam, conferindo-lhes um estatuto jurídico adequado à atual estágio de proteção, para, assim, atribuir classificação e regras jurídicas específicas aos animais aumentados e animais *cyborgs*, quais espécies poderiam pertencer às referidas classes, ou, ainda, delimitando o aspecto finalístico da utilização da tecnologia para criação desses animais.

E-health nos Países Baixos e o longo caminho a se percorrer no Brasil

Ricardo Campos e Carolina Xavier

25 de outubro de 2022

Há algumas décadas, o mundo enxerga nos países nórdicos exemplos de inovação e de liderança no que se refere a diferentes assuntos de interesse público. Não é diferente com o caso da saúde digital — *e-health*. Ao menos não de acordo com um estudo de 2019, publicado pela Healthcare Information and Management Systems Society (HIMSS) em cooperação com a McKinsey. Para os mais de 500 profissionais da saúde ouvidos na pesquisa, a Holanda, ao lado dos países nórdicos, revela-se enquanto verdadeiro modelo para adoção e uso do *e-health* na Europa[106]. Dentre os dados publicados pela pesquisa, destaca-se a o grande volume de dados de pacientes que são disponibilizados em meios digitais (91%) e a quantidade de organizações no país que fazem uso do compartilhamento de dados com instituições externas, como farmácias e hospitais (75%). Esses e outros dados demonstram a importância de se compreender o caso holandês — que, afinal, pretende ser o modelo para o restante da Europa — para fins de aprimoramento de projetos e ideias em curso no Brasil.

E-health pode ser conceituado como a aplicação de ferramentas e tecnologias de informação e comunicação digital para amparar e aprimorar a saúde e a prestação de cuidados em saúde, possibilitando maior eficiência e funcionalidade[107]. Essa é a definição utilizada pelo monitor anual que analisa a disponibilidade e a utilização de iniciativas de *e-health* na Holanda. Sendo bastante ampla, busca abarcar todo um conjunto de iniciativas, aplicações e serviços que tem sido incentivado e financiado pelo governo do país. Trataremos, no presente artigo, do modelo de *e-health* holandês, cuja estrutura será dividida e analisada em cinco tópicos principais — que estão, na maior parte dos casos, entrelaçados enquanto objetivos das iniciativas analisadas: inovação, participação, compartilhamento, colaboração e segurança.

---

[106] eHealth Trend Barometer: Annual European eHealth Survey 2019. HIMSS Analytics — Europe. Disponível em: https://europe.himssanalytics.org/europe/ehealth-barometer/ehealth-trend-barometer-annual-european-ehealth-survey-2019. Acesso em: 21 out. 2022.

[107] WOUTERS, M., et al. (2019). Samen aan zet — eHealth-monitor 2019. The Hague & Utrecht: Nictiz & NIVEL.

No primeiro tópico, estão várias soluções já disponíveis, além de outras em construção, para o chamado cuidado inteligente, i.e., o cuidado baseado em ferramentas tecnológicas acessíveis a cidadãos e profissionais, seja em formato de aplicativos ou plataformas *online*. Tais soluções encontram-se reunidas no *Zorg van Nu*, iniciativa do Ministério da Saúde, Bem-Estar e Desporto da Holanda, e surpreendem pela sua diversidade, incluindo desde despertadores para deficientes auditivos e dispensadores inteligentes de medicamentos até plataformas de monitoramento online de doenças crônicas e respiratórias[108]. Com o intuito de impulsionar cada vez mais esses desenvolvimentos, o país tem sediado, nos últimos anos, o *Smart Care Rally* (*Slimme Zorg Estafette*), evento que reúne organizações de cuidados em saúde para apresentar e discutir oportunidades e possibilidades de transformação do setor por meio da inovação[109].

O segundo tópico trata de formas de colocar o paciente em uma posição ativa nos cuidados com a saúde. Para tanto, foi estabelecido, recentemente, o chamado Ambiente de Saúde Pessoal (*Persoonlijke GezondheidsOmgeving*, ou PGO), um espaço online, que pode ser um site ou um aplicativo no celular, no qual o interessado pode reunir e gerenciar seus dados de saúde, incluindo não só dados médicos (vacinas, medicamentos), mas, ainda, informações quanto a hábitos de alimentação ou de sono. Ao paciente é permitido escolher, de início, qual aplicativo dentre um catálogo de opções quer utilizar: há diferenças quanto às funcionalidades e, principalmente, quanto aos prestadores de cuidados com os quais é possível se conectar. Para auxiliar a escolha, foi organizada uma lista com as opções, filtros através dos quais o paciente consegue visualizar qual o programa mais adequado às suas prioridades e módulos de teste para aqueles ainda indecisos[110]. Após, o paciente (maior de 16 anos) pode (1) coletar, a partir da conexão com o computador de seu provedor de serviços de saúde, uma cópia de seus dados médicos no PGO escolhido; (2) adicionar dados manualmente; e (3) adicionar dados vinculados a aplicativos de saúde, como relógios inteligentes. Por ainda estar em desenvolvimento, nem todas as funcionalidades estão disponíveis e nem todos os prestadores estão conectados, mas, em breve, a ideia é que o paciente possa decidir se e com quem compartilha os dados recolhidos. A iniciativa é financiada pelo governo e tem sido intensamente impulsionada no

---

[108] Zorg van Nu. Disponível em: https://www.zorgvannu.nl/. Acesso em: 21 out. 2022.
[109] De Slimme Zorg Estafette 2023 vindt plaats van 6 februari t/m 3 maart. Slimme Zorg Estafette. Disponível em: https://slimmezorgestafette.nl/. Acesso em: 21 out. 2022.
[110] NEDERLAND, Patiëntenfederatie. Kies een PGO die bij jou past | digitalezorggids.nl. Digitale ZorgGids. Disponível em: https://www.digitalezorggids.nl/kies-je-pgo/. Acesso em: 21 out. 2022.

país, por meio de materiais didáticos, inclusive vídeos no YouTube[111] e cursos oferecidos por bibliotecas[112].

Além disso, o tópico da participação também busca capacitar pacientes e profissionais de saúde para esse novo ambiente digital, a partir de cursos, testes, vídeos educacionais[113], bem como da disponibilização de contatos para tirar dúvidas sobre PGOs e questões digitais práticas no geral. Uma das iniciativas nesse sentido é o chamado *digicoach*[114], um esquema de *vouchers* oferecido pelo Ministério da Saúde focado no aumento de competências digitais de funcionários que, ao concluírem o treinamento, tornam-se aptos a auxiliarem outros colegas.

O tópico do compartilhamento está relacionado ao desenvolvimento de uma infraestrutura social e técnica que permita a transmissão e a interoperabilidade de dados entre os diferentes níveis de cuidado e atores envolvidos no processo. Para tanto, são necessários esforços voltados à padronização da informação e ao estabelecimento de protocolos para uma melhor comunicação dos sistemas. Focado nisso, o Ministério da Saúde holandês tem estabelecido os Programas de Aceleração de Troca de Informação entre Paciente e Profissional[115] (*Versnellingsprogramma Informatie-uitwisseling Patiënt & Professional*). O VIPP 5, instituído pelo Regulamento publicado no Diário Oficial em 2020[116], com duração prevista até julho de 2023, é um programa de implementação que estabelece as bases para as trocas ocorridas por meio dos PGOs, disponibilizando subsídios a instituições de saúde que completassem os módulos e atingissem os resutados e normas desejados. O programa envolve, também, um podcast com conversas sobre o tema; um monitor com metas e prazos concretos, acompanhando os desenvolvimentos das instituições; um *e-learning* sobre os PGOs direcionado, especificamente, aos prestadores de

---

[111]   PGO - YouTube. Disponível em: https://www.youtube.com/channel/UCifEAhS-mrQMhkrMQvTfUCQ. Acesso em: 21 out. 2022

[112] Bibliotheken bieden les aan over persoonlijke gezondheidsomgevingen. Disponível em: https://www.pgo.nl/nieuws/bibliotheken-bieden-les-aan-over-persoonlijke-gezondheidsomgevingen/. Acesso em: 21 out. 2022.

[113] Leermiddelen. Disponível em: https://www.pgo.nl/leermiddelen/. Acesso em: 21 out. 2022.

[114]   Training   tot   Digicoach   -   ZonMw.   Disponível   em: https://www.zonmw.nl/nl/subsidies/openstaande-subsidieoproepen/detail/item/training-tot-digicoach/. Acesso em: 21 out. 2022.

[115] MINISTERIE VAN VOLKSGEZONDHEID, Welzijn en Sport. VIPP programma's — Programma's en   projecten   —   Informatieberaad   Zorg.   Disponível   em: https://www.informatieberaadzorg.nl/programmas-en-projecten/vipps. Acesso em: 21 out. 2022.

[116] MINISTERIE VAN VOLKSGEZONDHEID, Welzijn en Sport. Regeling van de Minister voor Medische Zorg van 4 februari 2020, kenmerk 1640959-201242-CZ, houdende regels voor het subsidiëren van instellingen voor medisch-specialistische zorg en audiologische centra, voor het stimuleren van digitale informatie-uitwisseling met de patiënt en onderling (Subsidieregeling subsidiëring Versnellingsprogramma Informatie-uitwisseling Patiënt en Professional MSZ en audiologische centra). artikel 3 van de Kaderwet VWS-subsidies. Disponível em: https://zoek.officielebekendmakingen.nl/stcrt-2020-7935.html. Acesso em: 21 out. 2022.

cuidados em saúde e treinamentos de mudança comportamental[117]. Além do VIPP 5, há diversos outros programas nesse sentido, como o *BabyConnect*, voltado a instituições de atenção à maternidade; o VIPP 3[118], concluído em 2021, com foco em cuidados de saúde mental; e o VIPP *Farmacie*[119], voltado à adaptação dos sistemas utilizados pelas diferentes farmácias e à implementação de um sistema de monitorização de medicamento, de modo que as informações necessárias estejam disponíveis nos PGOs aos pacientes, a fim de se evitar problemas causados por dosagem incorreta ou interações medicamentosas.

O tema também tem sido debatido no campo legislativo, com a WEGIZ (*Wet Elektronische gegevensuitwisseling in de zorg*), proposta legislativa que prevê a troca obrigatória de certos dados médicos de forma eletrônica — com base em sua necessidade para a prestação de um bom atendimento — e a padronização semântica e tecnológica, buscando alcançar a "interoperabilidade total"[120]. De acordo com o Diretor de Política de Informação do Ministério da Saúde, o objetivo não é regular quais dados específicos devem ser compartilhados, mas sim como, observando-se sempre legislações já existentes, como o Regulamento Geral de Proteção de Dados europeu e regras sobre sigilo médico[121]. Em 27 de setembro, o projeto foi aprovado por unanimidade pela Câmara dos Deputados e, agora, irá ao Senado para apreciação e votação.

Esses e outros programas acabam por aproximar e envolver todos os envolvidos no processo do cuidado, o que toca o quarto tópico deste texto: a colaboração. Nessa lógica, chama atenção o *Health Reserch Infrastructure*, parceria público-privada com o objetivo de construir uma infraestrutura integrada de pesquisa de dados de saúde que seja acessível a pesquisadores, cidadãos e prestadores de cuidados. Iniciada em 2015 a partir de conferências, discussões e planejamentos, a iniciativa busca garantir, até 2025, o pleno acesso a uma plataforma comum, a nível nacional, pautada na construção do conhecimento compartilhado que servirá como ferramenta para pavimentar o caminho em direção à medicina do futuro: preventiva, personalizada e participativa. É como prevê a proposta do projeto, apresentada em 2016[122], com base em conceitos como *Open Science* e *open data*, e em respeito aos chamados *FAIR principles*, que defendem

---

[117] VIPP | De patiënt meer inzicht in zijn eigen zorg. Disponível em: https://www.vipp-programma.nl/vipp-centraal/nieuws/2021/jaaroverzicht-2021-deel-1. Acesso em: 21 out. 2022.

[118] MINISTERIE VAN VOLKSGEZONDHEID, Welzijn en Sport. VIPP3 GGZ - Programma's en projecten - Informatieberaad Zorg. Disponível em: https://www.informatieberaadzorg.nl/programmas-en-projecten/vipps/vipp3-ggz. Acesso em: 21 out. 2022.

[119] VIPP Farmacie | Voor de uitwisseling van gegevens in de Apotheek. VIPP Farmacie. Disponível em: https://vippfarmacie.nl/. Acesso em: 21 out. 2022.

[120] Wet elektronische gegevensuitwisseling in de zorg (35.824). Disponível em: https://www.eerstekamer.nl/wetsvoorstel/35824_wet_elektronische. Acesso em: 21 out. 2022.

[121] Cf.: https://www.gegevensuitwisselingindezorg.nl/gegevensuitwisseling/alles-over-wegiz/uitleg-over-de-wet.

[122] Cf.: https://www.dtls.nl/wp-content/uploads/2016/01/Health_RI_vision_Feb-2016.pdf.

o armazenamento dos dados em formatos localizáveis, acessíveis, interoperáveis e re-utilizáveis (*Findable, Acessible, Interoperable* e *Re-usable*). São destacadas, ainda, preocupações com proteção da segurança, certificações, propriedade intelectual e privacidade, temas que serão discutidos no próximo mês, na 7ª Conferência sobre Health-RI.

Uma experiência inicial do projeto foi estabelecida em 2021, pelo chamado *Personal Health Train*, com foco no acesso controlado aos dados, a partir da percepção dos perigos de uma centralização completa. A abordagem do PTI, portanto, buscou encontrar formas de utilização de dados em bases descentralizadas. Em resumo, a ideia é que as perguntas de pesquisa (envoltas em um "trem") viajem até as "estações" que hospedam os dados, enquanto eles permaneçam onde estão. Essas "estações" podem estabelecer suas próprias regras internas, incluindo quanto ao que a "pergunta viajante" pode fazer nessas viagens[123]. Assim, pesquisadores poderiam trabalhar com dados de diversas fontes, com acesso controlado, garantindo-se a privacidade e a proteção dos dados. Apesar da novidade, já há alguns exemplos de utilização dessa abordagem no país, especialmente na área da pesquisa em saúde[124].

Por fim, no último tópico, as preocupações voltam-se à garantia de um ecossistema seguro e confiável para o extenso armazenamento e compartilhamento de dados, em sua maior parte sensíveis (assim classificados pela GDPR e, no Brasil, pela LGPD). Visando a segurança dessas informações, o país criou o MedMij[125], um selo que permite aos cidadãos verificar quais organizações cumprem os padrões mínimos estabelecidos para a confiabilidade dos sistemas. Esse rótulo também é um requisito para a inclusão dessas instituições em iniciativas como os Ambientes de Saúde Pessoal, ou seja, o paciente só consegue se conectar com hospitais ou clínicas participantes do MedMij. Além disso, a Holanda tem utilizado o chamado DigiID[126], aplicativo de identificação digital necessário para se fazer o login nos provedores de serviços de saúde e em websites de organizações governamentais. Ainda, o Conselho da Informação (*Informatieberaad Zorg*), ligado ao Ministério da Saúde holandês, tem firmado acordos, estabelecido normas e desenvolvido projetos, como o Email Seguro (*Veilige Mail*), pelo qual foi elaborado um padrão voltado à segurança do tráfego de e-mail na área da saúde.

Se, a princípio, o *e-health* parece tratar da mera utilização de tecnologias para aprimorar processos já existentes, os exemplos de esforços de saúde digital na Holanda demonstram que as possibilidades vão muito além. O país chama atenção ao construir um verdadeiro ecossistema de inovação e conectividade

---

[123] The PHT concept | The Personal Health Train. Disponível em: https://pht.health-ri.nl/pht-concept. Acesso em: 21 out. 2022.

[124] Use cases | The Personal Health Train. Disponível em: https://pht.health-ri.nl/use-cases. Acesso em: 21 out. 2022.

[125] MedMij. Disponível em: https://medmij.nl/. Acesso em: 21 out. 2022.

[126] DigiD | Home. Disponível em: https://www.digid.nl/. Acesso em: 21 out. 2022.

entre pacientes, profissionais da saúde, organizações e governos, e é importante que sejam observados os sucessos e as falhas de experiências internacionais como esta para que possam ser aprimorados projetos semelhantes no Brasil, considerando-se, é claro, os diferentes desafios impostos pelas realidades de cada um.

Pensar um sistema de *e-health* efetivo, eficiente e que, sobretudo, seja capaz de salvaguardar os direitos fundamentais dos usuários não é tarefa fácil. Isso fica claro quando analisamos os elementos envolvidos na criação de um modelo de saúde digital nos Países Baixos. Nesse sentido, iniciativas como a do Ministério da Saúde de implementar no país um sistema de "*open health*"[127] sem uma verdadeira análise do impacto positivo e especialmente negativo — p.e. externalidades concorrenciais negativas — no sistema de saúde devem ser tomadas com mais cautela. Temos muito a fazer antes de podermos pensar em um sistema de saúde digital no Brasil. Agir com precaução e acompanhando a melhor experiência internacional parece ser o melhor caminho. Uma estruturação apressada de um sistema de *e-health* em um país de dimensão continental como o nosso pode significar um perigoso tropeço.

---

[127] Opinião - Marcelo Queiroga: 'Open health' é questão de tempo, coragem e decisão. Folha de S.Paulo. Disponível em: https://www1.folha.uol.com.br/opiniao/2022/03/open-health-e-questao-de-tempo-coragem-e-decisao.shtml. Acesso em: 21 out. 2022.

Proteção de dados pessoais nas extensões universitárias: adequações e boas práticas

Francisco Cavalcante de Sousa e Tatiana Bhering Roxo

01 de novembro de 2022

Podem as extensões universitárias tratarem dados pessoais de alunos, professores, coordenadores e público externo sem seguirem os princípios e as diretrizes normativas da Lei Geral de Proteção de Dados Pessoais (LGPD)? Partindo deste questionamento e no momento em que a proteção de dados pessoais se consolida como um direito fundamental no ordenamento jurídico brasileiro, torna-se imprescindível discutir os reflexos desta legislação em diferentes âmbitos de aplicação, inclusive nos projetos de extensão.

Logo, a indissociabilidade entre ensino, pesquisa e extensão tem previsão constitucional, devendo as universidades e Instituições de Ensino Superior (IES) efetivarem este princípio fundamental para estimular a aproximação entre a universidade e a sociedade, de modo a atender questões da sociedade contemporânea. Desse modo, esse tripé rege a missão e dever institucional das universidades brasileiras, sendo os projetos de extensão ação curricular de caráter educativo, social e cultural, científico e/ou tecnológico essencial no processo de ensino-aprendizagem e contribuição à coletividade.

Tendo em vista este contexto, este artigo, propõe-se a discorrer acerca dos impactos da Lei nº 13.709/2018 na extensão universitária, de modo a evidenciar seu escopo de aplicação. Neste sentido, apresenta, em primeiro lugar, o panorama da proteção de dados no arcabouço jurídico brasileiro e as possibilidades de tratamento de dados nos projetos de extensão.

Em segundo lugar, relata iniciativas de boas práticas em educação para proteção de dados e alerta para a necessidade de construção de plano de adequação para redução de risco de divulgação de informações, garantindo maior segurança jurídica a alunos, coordenadores e público externo de extensões universitárias.

1. Proteção de dados pessoais no ordenamento jurídico brasileiro

A Constituição da República Federativa do Brasil de 1988 já listava a inviolabilidade e a confidencialidade dos dados do cidadão como uma das garantias constitucionais, com base no inciso XII do artigo 5º Nesta ótica, o Marco Civil da Internet, instituído pela Lei nº 12.965/2014, também garantiu ao usuário a inviolabilidade de sua privacidade e possibilitou indenização por danos materiais ou morais decorrentes de sua violação[128], além do sigilo do fluxo de comunicações privadas armazenadas, bem como o direito de não fornecer dados pessoais a terceiros sem autorização expressa.

Sob influência da regulação europeia, especialmente do *General Data Protection Regulation (GDPR)*, a legislação brasileira passou por inovação legislativa em relação à proteção de dados, por meio da entrada em vigor da Lei nº 13.709/2018. Esse diploma normativo alterou a lei do Marco Civil da Internet, tornando-se o mais recente instituto jurídico brasileiro de proteção de dados pessoais, e estabeleceu direitos, obrigações e regras para a coleta, processamento e compartilhamento de dados de cidadãos por empresas e pelo Poder Público[129]. No contexto da cultura do algoritmo, tal legislação representou um avanço no ordenamento jurídico pátrio para ampliar a importância da segurança digital e da privacidade como questões relevantes para a sociedade, apesar de boa parte de seu conteúdo ser importação da lei europeia.

No que se refere ao meio acadêmico, em seu conteúdo normativo, o artigo 4º da LGPD dispensou a aplicação da lei ao tratamento de dados pessoais realizado por pessoa natural para fins exclusivamente particulares e não econômicos, jornalísticos e artísticos, *acadêmicos* e de segurança pública, defesa nacional, segurança do Estado ou atividades de investigação e repressão de infrações penais (BRASIL, 2018).

Recentemente, foi sancionada a Emenda Constitucional nº 115, de 10 de fevereiro de 2022, que alterou a Constituição Federal para incluir a proteção de dados pessoais entre os direitos e garantias fundamentais e para fixar a competência privativa da União para legislar sobre proteção e tratamento de dados pessoais. Dessa forma, acresceu o inciso LXXIX ao artigo 5º, CF, tornando o direito à proteção dos dados pessoais fundamental[130]. Fortalece, portanto, o pressuposto material de concretização de direitos fundamentais.

Para Silva (2005, p. 171)[131], um direito fundamental é aquele atinente a situações jurídicas *"sem as quais a pessoa humana não se realiza, não convive e, às vezes, nem mesmo sobrevive"*. Nesse sentido, é importante entender como a

---

[128] BRASIL. Câmara dos Deputados. Lei nº 12.965, de 23 de abril de 2014. Estabelece princípios, garantias, direitos e deveres para o uso da Internet no Brasil. Brasília (DF).

[129] BRASIL. Câmara dos Deputados. Lei nº 13.709, de 14 de agosto de 2018. Lei Geral de Proteção de Dados Pessoais (LGPD). Brasília.

[130] BRASIL. Constituição (1988). Emenda Constitucional nº 115, de 10 de fevereiro de 2022. Altera a Constituição Federal para incluir a proteção de dados pessoais entre os direitos e garantias fundamentais. Brasília, 2022.

[131] SILVA, José Afonso. Curso de Direito Constitucional positivo. 25ª ed. São Paulo: Malheiros Editores, 2005.

insegurança jurídica no tratamento de dados pessoais pode afetar esse direito fundamental no âmbito do ensino superior, potencializando a vulnerabilidade de estudantes, professores e público-alvo, principalmente quando estes são crianças ou adolescentes. É necessário, portanto, que adequações sejam realizadas para gerenciar riscos e perigos que os cercam no armazenamento, tratamento e divulgação de dados dos titulares, inclusive no âmbito dos projetos de extensão.

2. Tratamento de dados nas extensões universitárias: riscos e possibilidades

Dada sua natureza como ação curricular de caráter educativo, social e cultural, científico e/ou tecnológico, é fato que as extensões universitárias comumente utilizam de dados pessoais em diversos cenários, como em processos seletivos, aplicação de formulários e questionários, armazenamento de dados sensíveis, gerenciamento de e-mails, controle de frequência, organização de eventos, dados de pesquisas, encontros temáticos, emissão de certificados, declarações, mapeamentos e publicações de textos, dentre outros.

Como vimos, apesar da Lei nº 13.709/2018 não se aplicar a atividades de tratamento voltadas exclusivamente para fins acadêmicos (conforme artigo 4º, II, b da lei), como as extensões universitárias, há importantes pontos que os projetos de extensão devem considerar para fazer uso adequado e seguro de dados pessoais dos titulares de dados.

É essencial que as extensões universitárias mapeiem, inicialmente, quais dados merecem e devem ser tratados por alunos, professores e público externo, tendo em vista os princípios da finalidade, adequação e necessidade, e em consonância com a correta base legal. De acordo com a LGPD, artigo 6º, o tratamento de dados deve ocorrer com propósitos legítimos, específicos, explícitos e informados ao titular, com compatibilidade às finalidades informadas, de acordo com o contexto do seu tratamento, e com a limitação ao mínimo necessário para a realização de suas finalidades, com abrangência dos dados pertinentes, proporcionais e não excessivos em relação a estas.

No caso de tratamento de dados pessoais de crianças e de adolescentes beneficiados pelo projeto de extensão, este deverá ser realizado, se aplicada a legislação, em seu melhor interesse, nos termos do artigo 14 da LGPD e das normas pertinentes, como o Estatuto da Criança e do Adolescente (ECA), observada a sua condição especial no ordenamento jurídico brasileiro e o consentimento dos responsáveis legais em todo o processo extensionista.

Como destacado, esse consentimento é peça-chave na legislação. Entre as ações que os projetos podem desenvolver para tratá-lo estão o preenchimento de Termos de Consentimento Livre e Esclarecido (TCLE), exigindo, assim, que toda pesquisa se processe após consentimento livre e esclarecido dos sujeitos, indivíduos ou grupos que por si e/ou por seus representantes legais manifestem a sua anuência à participação na extensão universitária.

Para além disso, a formação dos membros nos temas pertinentes ao tratamento - principalmente para aqueles de cursos sem formação jurídica - é fundamental para a adequação e uso com responsabilidade dos dados armazenados e processados. Essa fase é caracterizada como processo educativo acerca da privacidade e confidencialidade, em que os envolvidos têm formação acerca do tema que será base para o desenvolvimento de uma cultura voltada à proteção de dados.

Situa-se, ainda, a necessidade de capacitações sistemáticas e específicas de qualificação dos extensionistas e coordenadores sobre a proteção de dados, observando-se o contexto e as finalidades específicas das ações em que se propõem a atuar. Sugere-se a criação de inventário e limpeza de dados, abrangendo desde a coleta à exclusão de dados armazenados em banco de dados pelo projeto de extensão, devendo ser identificadas e descritas cada etapa do tratamento e as formas de descarte.

Em todo o processo de adequação, deve ser realizada avaliação periódica de todos os controles implementados, com destaque para as medidas de segurança. Algumas das ações que podem ser empreendidas nesta fase são: análise da exposição dos dados; avaliação de softwares de gestão de dados; mudança dos sistemas já empregados; etc.

Por fim, é necessário que a governança de privacidade busque a estruturação do plano de atuação da extensão na perspectiva da proteção de dados de todos os envolvidos no campo universitário, desde os alunos e professores ao público beneficiado. Esse processo pode se dar com a criação e publicação de documentos pertinentes à governança de dados, como aviso de privacidade e política de segurança da informação, e treinamentos sobre as práticas, de modo a implementar e acompanhar o desenvolvimento das ações a nível geral.

Tendo em vista a importância do tema, é essencial que as instituições de Ensino Superior, por meio de ações de *compliance*, auxiliem os projetos a construírem seus planos de adequação, com foco no melhor tratamento dos dados. Cabe, desde logo, incluir a pauta da proteção de dados como foco de estratégia dos programas de atuação e de *compliance* jurídico-administrativo. Outra alternativa é que esse processo de adequação à LGPD esteja alinhado com as próprias ações de extensão das universidades com atuação e experiência na área, a exemplo das descritas no tópico seguinte.

3. Experiências com educação em proteção de dados em universidades brasileiras

Apesar de pontuais e recentes, há experiências e iniciativas institucionais que atuam no sentido de estimular o tema da proteção de dados pessoais em projetos de instituição de ensino superior, seja na modalidade de grupos e núcleos de pesquisa, na realização de eventos, cursos, oficinas, capacitações e/ou na produção de conteúdo audiovisual educativo.

O Núcleo de Proteção de Dados, da Faculdade de Direito da Universidade de São Paulo (USP), é um projeto de cultura e extensão que tem por objetivo promover o estudo sobre a proteção de dados pessoais com base na agenda regulatória da Autoridade Nacional de Proteção de Dados (ANPD), com atuação extensionista na intersecção entre Direito e Tecnologia. Nesse sentido, considera que a educação e a troca de conhecimento nos temas de proteção de dados pessoais se faz fundamental na universidade, pois proporciona expandir a prática para fora das salas de aula[132].

Na Universidade do Estado do Rio Grande do Norte (UERN), o projeto de extensão Apex Empreendedorismo e Soluções Jurídicas promove capacitações a alunos e comunidade nos temas da LGPD. Por meio do Conselho Apex de Proteção de Dados (Conex), o projeto atua com formações em um contexto no qual há falta de recursos humanos qualificados e pouco conhecimento básico, inclusive em cursos jurídicos e de informática. O objetivo do Conex é, então, promover conscientização, capacitação e proteção, de modo a fornecer ações de excelência e dedicação exclusiva dos extensionistas ao tema[133].

O projeto "Governança da privacidade e proteção de dados pessoais à luz da LGPD" trata-se de uma extensão que objetiva apresentar à comunidade acadêmica e comunidade geral as possibilidades e perspectivas da proteção de dados, na Uni Araguaia[134]. Já na Universidade Federal de Santa Catarina, um projeto de extensão desenvolveu um curso de Auxiliar de Data Protection Officer (DPO-X) com o objetivo de capacitar jovens para operarem como auxiliares de proteção de dados pessoais[135].

---

[132] UNIVERSIDADE DE SÃO PAULO. Núcleo de Proteção de Dados (NDP-TechLab) - Edital 2022. Disponível em: https://bityli.com/KRlVmv. Acesso em: 25 jul. 2022.

[133] APEX EMPREENDEDORISMO E SOLUÇÕES JURÍDICAS. Assessoria jurídica em proteção de dados. Conselho Apex de Proteção de Dados, 2022.

[134] UNIARAGUAIA. Governança da privacidade e proteção de dados pessoais à luz da LGPD - Lei Geral de Proteção de Dados, 17 de abril de 2021. Disponível em: https://bityli.com/VIWsMv. Acesso em: 25 jul. 2022.

[135] UFSC. Jovens de Mont Serrat aprendem sobre lei de proteção de dados em curso de extensão da UFSC. Notícias da UFSC, publicado em 2/9/2021. Disponível em: https://bityli.com/fcLaJu. Acesso em: 25 jul. 2022.

Percebe-se que, de forma incipiente, porém importante, o tema tem sido difundido nas instituições de ensino superior.

Considerações finais

No geral, as práticas extensionistas descritas buscam desenvolver ações de extensão e contribuir no processo de inclusão digital e no exercício da cidadania digital. Por isso, considera-se necessário o fortalecimento de uma cultura institucional pautada na autodeterminação informativa e na educação para proteção de dados em universidades e instituições de ensino, de modo a qualificar os envolvidos no processo extensionista no tema. Ainda, é essencial que esses atores atuem de forma conjunta, por meio de ações de *compliance*, e auxiliem os projetos a construírem seus planos de adequação. Cabe, isso posto, incluir a pauta da proteção de dados como ponto de estratégia nos programas de gestão e adequação das universidades.

A partir desta primeira iniciativa, vislumbramos como sugestão o desenvolvimento de material prático-instrucional, por parte das IES, na forma de cartilhas informativas e oficinas de adequação para projetos de extensão, com foco em boas práticas em proteção de dados no âmbito da indissociabilidade entre ensino, pesquisa e extensão, discorrendo, também, sobre as responsabilidades no tratamento de dados, os incidentes de segurança e os compromissos às normas de proteção de dados pessoais.

Portanto, as extensões universitárias devem atuar com responsabilidade ao tratarem dados pessoais de alunos, professores, coordenadores e público externo de suas ações, essencialmente quando crianças e adolescentes. Apesar da lei dispensar esse tratamento para fins exclusivamente acadêmicos, entende-se que seguir os princípios e as diretrizes normativas é uma forma de efetivar o direito fundamental à proteção de dados pessoais numa cultura cada vez mais pautada por algoritmos e dados em larga escala.

Poluição de dados e lições do Direito Ambiental ao Direito Digital

Aline Klayse dos Santos Fonseca

11 de novembro de 2022

No atual estágio da sociedade, parte expressiva das atividades econômicas é aprimorada por meio de novas tecnologias e da utilização de grandes volumes de dados que passam a exercer o papel de ativo econômico, o que, atrelado ao compartilhamento dos dados pelos usuários em troca de serviços e produtos aparentemente fornecidos de forma gratuita, tornam-se valiosos quando submetidos às diversas técnicas de tratamento, sobretudo porque as informações delas decorrentes servem de base para tomada de decisões estratégicas em diversos setores da economia.

A natureza dos dados coletados é diversa. Incluem dados sobre o nível de consumo, localização, dados relacionados à saúde, gravações de vozes e captura de imagens, de modo que, por meio de correlação e ferramentas analíticas avançadas, seja possível aprender novas informações sobre os usuários. Sendo os dados o principal recurso da economia do *Big Data* e a "matéria prima" cobiçada por diferentes interesses econômicos e sociais, fomenta-se dinâmicas de poder que monetizam, exploram e impactam direitos fundamentais, em relações assimétricas, seja do ponto de vista objetivo (quantidade de dados coletados), seja do ponto de vista subjetivo (quem tem acesso aos dados e a coleta).

Nesse cenário, respeitadas as distinções ônticas, os dados são compreendidos como o "novo petróleo" no sentido de produzirem informações digitais que representam o "combustível" do modelo econômico baseado em dados. Como tal, podem gerar "emissões de dados" prejudiciais ao ecossistema digital, interferindo negativamente nas instituições sociais e interesses públicos.

Menciona-se, a título exemplificativo, os eventos que envolveram a eleição presidencial dos Estados Unidos em 2016, em que o banco de dados de informações pessoais do Facebook foi usado para espalhar fake news, ou, ainda, quando um aplicativo de investigação genética armazena informações sobre o DNA dos indivíduos e possibilita obter informações sobre terceiros que compõem o ciclo biológico dos usuários que não consentiram em fornecer informações sobre sua genealogia. Tais exemplos assumem especial relevância, pois são fenômenos que afetam interesses da coletividade.

Assim, partindo-se da premissa de que coleta, mineração e tratamento de dados produzem externalidades negativas que "poluem" o ecossistema digital e assumindo que o conceito jurídico de poluição pode ser aplicado às dinâmicas e relações estabelecidas no ambiente digital, é pertinente a análise de como o regime jurídico aplicado ao Direito Ambiental pode gravitar no entorno do Direito Digital, auxiliando construções dogmáticas e regulatórias.

O estudo de Omri Ben-Shahar (2019)[136], denominado *data pollution* introduz o debate sobre as maneiras como a coleta e tratamento de dados pessoais afetam instituições, para além de danos individuais relacionados à privacidade. Olhando, pois, para o conceito de "poluição de dados", apresenta razões pelas quais os instrumentos regulatórios são ineficazes, já que o critério dominante usado para avaliar os danos das empresas de dados pessoais é a privacidade, baseando-se na premissa de que os danos causados são de natureza privada, mas por pura agregação, esses danos têm um derivado superaditivo de natureza transindividual.

Nesta visão, a fronteira entre as diferentes categorias de dados (dados sensíveis, não sensíveis e mesmo entre dados pessoais e não pessoais), é cada vez mais difícil de ser traçada no *Big Data*. Por exemplo, o conteúdo de uma comunicação eletrônica pode ser criptografado e, mesmo que seja "descriptografado", pode não revelar nada relevante sobre o remetente ou o destinatário. Porém, quando esses dados de comunicação são relacionados, podem apresentar as identidades e/ou a localização geográfica, aumentando o nível de intrusão sobre os indivíduos e fornecendo padrões que podem ser capazes de criar uma imagem íntima de uma pessoa por meio do mapeamento de redes sociais, rastreamento de localização, rastreamento de navegação na Internet, mapeamento de padrões de comunicação e *insights* sobre com quem interagiu[137]. Dessume-se daí que, tais intrusões são capazes de "poluir" o meio ambiente digital.

A linguagem contida nos documentos que tratam de dados pessoais e da economia digital comumente utiliza o termo "ambiente digital". Tal expressão alcança a realidade que se vive na atualidade: um ambiente imerso e composto por elementos e artefatos digitais. Não apenas essa expressão indica alguma associação entre o direito digital e o direito ambiental, mas outras como "pegadas digitais" (semelhante ao termo pegadas ecológicas), "mineração de dados" ou comparação dos dados como o novo petróleo.

---

[136] SHAHAR, Omri Bem. Data Pollution. Journal of Legal Analysis. V. 11, 2019, p.106.
[137] SLOOT, Bart van der. Regulating non-personal data in the age of Big Data. In Health data privacy under the GDPR : Big Data challenges and regulatory responses (pp. 85-105). M. Tzanou (Ed.), Routledge, 2020, p. 91.

Nesse sentido, interessante definição sobre "informação ambiental"[138] é encontrada no artigo 2 (3) da Convenção sobre acesso à informação, participação do público no processo de tomada de decisão e acesso à justiça em matéria de ambiente, da qual se depreende que a informação se relaciona também ao meio ambiente em uma perspectiva mais holística.

O diálogo entre proteção de dados/direito ambiental tem como base dois conceitos estruturantes para a compreensão dos impactos às diversas espécies de meio ambiente, o que inclui o meio ambiente digital: o conceito de externalidade negativa e a noção de "tragédia dos comuns".

As externalidades negativas existem sempre que alguém utiliza um recurso, mas é capaz de impor a outros os custos desse uso. Se um fabricante de tubos de aço deve pagar para usar recursos como ferro, e, consequentemente, emitir poluentes, os custos decorrentes de problemas respiratórios entre a população circundante não são suportados pelo fabricante, mas por outros na sociedade, fazendo que a empresa tenha pouco incentivo para minimizá-los. Isso leva a empresa a produzir muita poluição do ar e outras externalidades negativas. Para resolver este problema, é necessário obrigar a empresa a arcar ou "internalizar" os custos da poluição que está gerando para que ela tenha incentivo para reduzi-lo[139].

Por conseguinte, a ideia de "tragédia dos comuns" explica quão economicamente racional é o uso de um recurso de propriedade comum com base no interesse próprio e como isso pode levar à destruição desse recurso. Dennis Hirsch (2006, p. 24), utiliza o ensaio de Garrett Hardin para expor o exemplo de pastores de gado que pastam seus animais em um campo de grama de propriedade comum.

Do ponto de vista do pastor de gado individual é racional que ele aumente o número de gados que está pastando no campo, já que obtém benefício total de adicionar outro animal. Todavia, compartilha o custo de usar a grama com todos os outros que também têm o direito de pastar no campo, ou seja, o pastor

---

[138] Informação ambiental: qualquer informação apresentada sob a forma escrita, visual, oral, electrónica ou outra sobre: a) O estado de elementos do ambiente, tais como o ar e a atmosfera, a água, o solo, a terra, os locais de interesse paisagístico e natural, a diversidade biológica e os seus componentes, incluindo os organismos geneticamente modificados e a interacção entre estes elementos; b) Factores, tais como substâncias, energia, ruído e radiação e actividades ou medidas, incluindo medidas administrativas, acordos em matéria de ambiente, políticas, legislação, planos e programas que afectem ou que sejam susceptíveis de afectar os elementos do ambiente referidos na alínea a), bem como análises custo-benefício e outras análises económicas e pressupostos utilizados no processo de tomada de decisões em matéria ambiental; c) O estado da saúde humana e da segurança, as condições de vida dos indivíduos, os locais de interesse cultural e as estruturas construídas, na medida em que estes elementos sejam ou possam ser afectados pelo estado dos elementos do ambiente ou, através desses elementos, pelos factores, actividades ou medidas referidas na alínea b).
[139] HIRSCH, Dennis. Protecting the Inner Environment: What Privacy Regulation Can Learn from Environmental Law. Georgia Law Review, Vol. 41, No. 1, 2006, p. 23.

individual, perseguindo seu próprio interesse, adicionando outras cabeça de gado ao campo, haverá tantos gados que eles vão comer a grama até o ponto que não pode se regenerar, tornando o campo inútil para fins de pastagem. Todos os criadores de gado perderão o acesso ao recurso, de modo que o que era individualmente racional acaba por ser coletivamente ruinoso.

Desse modo, o conceito jurídico de poluição aplicado aos dados está umbilicalmente relacionado ao conceito jurídico de meio ambiente aplicado à dimensão virtual/digital. Por mais dissimilar que uma primeira análise possa parecer, recorrendo analogicamente ao exemplo do aquecimento global que causa o desaparecimento de calotas polares, a expansão de bases de dados, disseminação de sensores que coletam dados, criação de perfis, associação de dados em rede, as invasões à privacidade e os ataques ao direito fundamental à proteção de dados se assemelha a crise da poluição ambiental original.

Por conseguinte, seguindo a premissa de que o conceito de poluição pode ser aplicado ao meio ambiente digital, avulta indagar como a dogmática do direito ambiental e as diretrizes regulatórias podem ser adequadamente aplicadas às relações jurídicas e externalidades negativas que decorrem no ambiente digital.

Antes, contudo, ressalta-se as insuficiências de uma abordagem regulatória do ambiente digital sob a perspectiva unicamente privada. No que diz respeito às Leis de Proteção de Dados que, comumente, têm como peça central o requisito de que os coletores de dados ofereçam aos titulares mais controle sobre seus dados pessoais e permitam restringir e personalizar sua coleta, há de se reconhecer que os titulares permanecem amplamente inconscientes dos efeitos prejudiciais de natureza coletiva, bem como sobre como a poluição de dados prejudica terceiros que não são parte da transação.

Pode-se dizer sem exagero que, mesmo se as empresas escrevessem políticas de dados em linguagem clara e legível, as questões subjacentes permaneceriam nebulosas e em constante mutação. Ademais, ainda que se analise a questão sob o prisma da reparação de danos, mormente em casos de empresas que colhem informações pessoais o devido consentimento, a compensação dos danos da poluição de dados deverá atentar ao requisito da causalidade (já que, em regra, o dano deve ser direto e imediato, e no caso de danos de natureza difusa o liame é difícil de ser estabelecido e nem sempre visível), da avaliação (devido à profunda incerteza que as pessoas têm sobre as consequências privadas do tratamento de dados pessoais) e das externalidades sociais (a estrutura compensatória para a poluição de dados teria que depender de ações de fiscalização pública)[140].

Assim, como tem-se sublinhado, a estrutura de poluição de dados abre possibilidade para novos dispositivos reguladores — uma espécie de lei

---

[140] SHAHAR, Omri Bem. Data Pollution. Journal of Legal Analysis. V. 11, 2019, p.120.

ambiental para proteção de dados — que se concentra no controle desses efeitos externos. Neste sentido, à medida que o significado econômico dos dados cresce, insurge a necessidade de limitar a própria coleta de dados para proteger efetivamente os usuários no ambiente digital e reduzir a poluição de dados.

O princípio da necessidade está previsto no rol de princípios que norteiam as atividades de tratamento de dados pessoais, particularmente no inciso III, do artigo 6º, da Lei Geral de Proteção de Dados do Brasil (LGPD). Tal princípio visa assegurar que o tratamento dos dados pessoais ocorra através do *"mínimo necessário para a realização de suas finalidades, com abrangência dos dados pertinentes, proporcionais e não excessivos em relação às finalidades do tratamento de* dados".

Tal princípio assume duas facetas: implica no aumento de responsabilidade para aquele que coleta os dados já que o agente de tratamento deverá avaliar sobre quais dados são essenciais para alcançar a finalidade, pois quanto mais dados forem tratados, maiores serão as suas responsabilidades. A segunda faceta significa uma ideia de minimização do tratamento de dados, ou seja, apenas os dados imprescindíveis para a finalidade pretendida deverão ser tratados e, ainda que o agente coletor se responsabilize, aquilo que não for efetivamente útil, não deverá ser tratado sob pena de configuração de abuso de direito[141].

Depreende-se, então, que a poluição de dados está relacionada com o princípio da minimização dos dados. É um princípio que se concentra nos requisitos relativos aos próprios sistemas de processamento de dados (o ambiente digital em que o processamento ocorre), e não apenas nos direitos dos titulares dos dados. Assim, o que se protege é a qualidade das soluções tecnológicas utilizadas para o processamento de dados. Assemelha-se, portanto, a soluções que são implementadas na área do direito de proteção ambiental, pois estão focadas na proteção do próprio meio ambiente[142].

Reconhecer a possibilidade dos instrumentos legais usados no Direito Ambiental servirem para regular a poluição de dados pode parecer, *en passant*, não diretamente aplicáveis, dada as diferenças entre poluição natural e digital. Se a poluição natural pode, em alguns casos, ser eliminada, a poluição digital provavelmente não pode. Um "superfundo" para vazamentos de dados não parece fazer muito sentido. Ademais, os efeitos da poluição ambiental são sempre negativos, enquanto as emissões de dados podem criar externalidades

---

[141] FLUMIGNAN, Silvano José Gomes; FLUMIGNAN, Wévertton Gabriel Gomes. Princípios Que Regem o Tratamento de Dados no Brasil. In: Comentários à Lei Geral de Proteção de Dados: Lei Nº 13. 709/2018, com alteração da Lei Nº 13.853/2019. Cintia Rosa Pereira de Lima (Coord.). São Paulo: Almedina, 2020, p. 129.
[142] SÝOK-WÓDKOWSKA, Magdalena; MAZUR, Joanna. Regulating the digital environment: What can data protection law learn from environmental law? Review of international, european and comparative law. 2021, Vol. XIX, p. 19.

positivas. Ademais, o uso de técnica de proibição de substâncias muito tóxicas lançadas ao meio ambiente parece, também, inaplicável aos dados. Serve a ilustrar, ainda, que os impactos ambientais podem ser medidos cientificamente como base para a análise de custo-benefício, ao passo que as externalidades de dados costumam ser qualitativas e conjeturais. Para tanto, basta questionarmos: qual seria o custo de uma eleição presidencial distorcida ou de um perfil racial discriminatório[143]?

Essas diferenças podem sugerir que não é adequada uma aproximação da abordagem regulatória à poluição ambiental na esfera de dados. Não obstante, a combinação de técnicas abstratas com a estrutura específica usada para controlar a poluição industrial lança luz à regulação de interesses transindividuais no meio ambiente digital.

Um desses instrumentos que exemplifica o diálogo entre o Direito Ambiental e o Direito Digital é a avaliação de impacto à proteção de dados pessoais e os requisitos processuais a ele relacionados, semelhante à avaliação de impacto ambiental, instrumento jurídico da Política Nacional do Meio Ambiente (PNMA), Lei nº 6.938/81, construído em simultâneo com o desenvolvimento do princípio da precaução. Um aspecto fundamental deste princípio é a avaliação dos riscos, pelo que uma avaliação de impacto devidamente conduzida, permite o cumprimento deste requisito.

Ademais, destaca-se na PNMA a necessidade de estarmos devidamente informados para participar ativamente na tomada de decisões sobre questões ambientais, razão pelo qual um dos objetivos da política é a divulgação de dados e informações ambientais e à formação de uma consciência pública sobre a necessidade de preservação da qualidade ambiental e do equilíbrio ecológico (artigo 4º, V).

Esta é uma distinção relevante entre a abordagem adotada no Direito Ambiental e o direito à proteção de dados, pois a informação ambiental atende ao propósito maior de participação ativa e coletiva na tomada de decisões e de maior informação sobre depósitos de matéria-prima, como são utilizados e quais as consequências de seu uso para a comunidade. De outro lado, os princípios de livre acesso e de transparência (artigo 6º, IV e VI da LGPD) não atendem primordialmente a tal propósito, não obstante permitir o aumento do conhecimento do titular sobre a utilização efetiva dos seus dados pessoais na economia digital.

Nessa esteira, ao buscar essa comparação, pode-se afirmar que aumentar a transparência não significa que quem está usando dados pessoais e moldando o ambiente digital será responsabilizado por suas ações pelo titular dos dados.

---

[143] SHAHAR, Omri Bem. Data Pollution. Journal of Legal Analysis. V. 11, 2019, p.126.

A *accountability* na relação entre um particular e o responsável pelo tratamento ou subcontratante depende dos instrumentos que concedem e facilitam o acesso à   justiça[144].

Na referida linha de intelecção, as lições do Direito Ambiental evidenciam instrumentos jurídicos que asseguram o acesso à justiça, direito consagrado oficialmente no princípio nº 10 da Declaração do Rio de Janeiro sobre Meio Ambiente e Desenvolvimento que prevê que no plano nacional, toda pessoa deverá ter acesso adequado à informação sobre o ambiente, assim como a oportunidade de participar dos processos de adoção de decisões.

Apesar da LGPD ter silenciado quanto aos aspectos processuais pertinentes à tutela coletiva de dados pessoais (de modo distinto do GDPR, principal norma de inspiração do legislador brasileiro, e que dispõe no artigo 80 sobre a representação dos titulares de dados), deve-se recorrer aos artigos 5º da Lei nº 7.347/1985 e 82 do CDC, que são as principais regras jurídicas sobre a legitimidade extraordinária aplicáveis ao tema, permitindo medidas que possam enfrentar os desafios coletivos decorrentes do desenvolvimento da economia digital.

Outro argumento ligado de algum modo ao diálogo entre Direito Ambiental e Direito Digital, refere-se à previsão legal disposto no artigo 9º, parágrafo 1º da Convenção de Aartus sobre a possibilidade de revisão do processo administrativo que se findou com o pedido de informação ignorado, indevidamente recusado, em parte ou na totalidade, ou respondido de forma inadequada, o que afronta o direito   à   informação   ambiental.

Desse modo, apesar de tal Convenção não ter sido ratificada pelo Estado Brasileiro, serve como inspiração legislativa, mormente no que se refere a participação coletiva com as disposições da LGPD, ainda insuficiente para permitir um acesso mais extenso e que tutele adequadamente a dimensão transindividual do direito à proteção de dados. Assim, reforçar a intersecção dialógica entre o Direito Ambiental e o Direito Digital permite a abertura normativa para a tutela do que há em comum entre estes ramos do Direito: o meio ambiente.

---

144 SŸOK-WÓDKOWSKA, Magdalena; MAZUR, Joanna. Regulating the digital environment: What can data protection law learn from environmental law? Review of international, european and comparative law. 2021, Vol. XIX, p. 38.

Considerações sobre prescrição eletrônica e proteção de dados de pacientes

Marcos Vinicius Ottoni e Ricardo Campos

15 de novembro de 2022

"Aquilo que não seja preciso divulgar, eu conservarei inteiramente secreto."

O setor da saúde tem sido diretamente afetado pelos processos de digitalização ocorridos ao longo das últimas décadas. Dentre as novidades introduzidas recentemente no setor, tem chamado a atenção os sistemas de prescrição eletrônica, especialmente após a pandemia de Covid-19 e a consequente necessidade de se investir em uma prestação de serviços que dispensasse, ou diminuísse, o contato físico entre as pessoas. De forma sucinta, a prescrição eletrônica (*e-prescription*) diz respeito ao uso de dispositivos de computação para criar, modificar, revisar ou transmitir receitas médicas. O objetivo da tecnologia é permitir que todos os atores envolvidos no ecossistema de cuidado (médicos, pacientes, enfermeiros, hospitais e farmácias) possam se beneficiar da superação do uso do papel, a partir de sistemas mais precisos, acessíveis e livres de erros.

No Brasil, a Lei nº 13.989/20, que dispôs sobre o uso da telemedicina durante a crise do coronavírus, possibilitou a utilização de receitas médicas em formato digital, que foram regulamentadas e disciplinadas pela Resolução nº 2.299/21 do Conselho Federal de Medicina[145]. O documento estabelece os requisitos mínimos para validade da receita (identificação do médico e do paciente, data e hora e assinatura digital do médico) e possibilita o uso de plataforma específica do CFM ou, ainda, de outras plataformas, desde que observadas as regras do órgão quanto ao manuseio das informações, como a privacidade e a confidencialidade.

Além disso, o artigo 4º da Resolução determina que a emissão desses documentos deve ser feita mediante assinatura digital, com um certificado válido emitido pela Infraestrutura de Chaves Públicas Brasileira (ICP-Brasil).

No país, funcionam hoje, além do portal desenvolvido pelo CFM, as plataformas Memed e Doutor Prescreve, bem como o site Receita Digital que, de modo geral, funcionam da mesma forma: o médico acessa o portal de preferência, emite a prescrição assinada seguindo os padrões do ICP-Brasil e, ao final, é gerado um link ou um *QR Code*, que deve ser enviado ao paciente por e-mail, SMS ou

---

[145] Disponível em: https://sistemas.cfm.org.br/normas/visualizar/resolucoes/BR/2021/2299.

aplicativo de mensagens; o paciente pode encaminhá-la ou mostrá-la ao farmacêutico que, por sua vez, deve validá-la no site do Instituto Nacional de Tecnologia da Informação (ITI) e fazer a dispensação. Em alguns casos, é possível, ainda, comprar o medicamento diretamente pela plataforma, que age como intermediadora entre o paciente e as farmácias.

Apesar do uso das receitas eletrônicas não ser obrigatório no país, um levantamento feito pela Memed constatou que, apenas em 2020, foram emitidas mais de 13 milhões de receitas digitais na plataforma, sendo 4 milhões apenas na cidade de São Paulo[146]. O rápido crescimento desses números, bem como a grande quantidade de informações sensíveis envolvidas nesses processos, traz preocupações, especialmente quanto à privacidade e à proteção dos dados dos pacientes. A Seção II da Lei Geral de Proteção de Dados é reservada especificamente para o tratamento de dados pessoais sensíveis, que incluem dados de saúde, o que demonstra a necessidade de se observar tais questões com maior atenção.

Dentre diversos outros, um tópico merecedor de atenção no caso das receitas médicas eletrônicas diz respeito ao acesso a elas. Em observação ao princípio da segurança, previsto no artigo 6º, inciso VII, da LGPD e compreendido como basilar de qualquer atividade de tratamento de dados, há que se pensar em medidas contra acessos não autorizados e situações de perda ou alteração dos dados. De início, o requisito de que o médico utilize assinatura eletrônica qualificada[147], como previsto no artigo 4º da Resolução 2.299 do CFM, já demonstra o reconhecimento acerca da necessidade de se impor o mais elevado nível de segurança (confiabilidade) a esse tipo de relação. Vale lembrar que a assinatura qualificada é aquela que deve ser certificada pela ICP-Brasil, infraestrutura de chaves públicas instituída pela MP nº 2002-2/2001 para garantir a autenticidade, a integridade e a validade jurídica de documentos em forma eletrônica no país. Não menos importante foi o desenvolvimento do site "Validador de Documentos Digitais em Saúde", disponibilizado pelo ITI, vinculado à Casa Civil da Presidência da República, para garantir aos atores de saúde a possibilidade de verificação desses documentos eletrônicos.

No entanto, acessos não autorizados podem ocorrer também no ponto da recepção da receita médica, isto é, no ponto em que supostamente o paciente estaria. A possibilidade de se enviar a prescrição por e-mail ou WhatsApp, sem nenhum meio de autenticação adicional, parece constituir uma fragilidade desses sistemas, principalmente em um cenário onde dispositivos e contas são constantemente invadidos e dados constantemente expostos. Da mesma forma, pode-se pensar na segurança do ponto do farmacêutico: hoje, ainda não é

---

[146] Cf.: https://medicinasa.com.br/levantamento-memed/

[147] "Art. 4º Para efeitos desta Lei, as assinaturas eletrônicas são classificadas em:
(...) III - assinatura eletrônica qualificada: a que utiliza certificado digital, nos termos do § 1º do art. 10 da Medida Provisória nº 2.200-2, de 24 de agosto de 2001."

obrigatório que esse profissional possua certificação digital e, em alguns casos[148], também não é obrigatório o registro da dispensação dos medicamentos.

Conquanto não haja solução prevista em lei ou regulamento para os problemas apontados acima, devido sobretudo à incipiência do tema no contexto brasileiro, não é possível ignorar que, eventualmente, tais questões deverão ser debatidas. A fim de lançar luz sobre a temática e, quiçá, aventar caminhos para a sua regulamentação no Brasil, buscamos referências no direito comparado que nos permitam melhor compreender a estreita relação entre prescrições eletrônicas e proteção de dados pessoais.

O *E-Rezept* na Alemanha

A Alemanha, de forma tardia em relação a outros países europeus, em 2019 aprovou a *Digitale-Versorgung-Gesetz* (DVG), lei que buscou concretizar os projetos de modernização do setor de saúde no país a partir de estímulos à inovação. Mas foi a *Patientendaten-Schutz-Gesetz* (PDSG), de 2020, que estabeleceu a base legal para a introdução de prescrições médicas eletrônicas no país; a partir de então, em setembro de 2022 iniciou-se a primeira etapa de sua implementação, que será gradual. Até esse momento, o sistema vinha sendo intensivamente testado em âmbito nacional e seus critérios de qualidade amplamente discutidos[149].

A dificuldade de se disponibilizar os sistemas técnicos necessários para o funcionamento da prescrição eletrônica vem da própria complexidade do projeto no país. Isso porque, lá, a transmissão da receita se dá inteiramente pela infraestrutura telemática (TI), uma rede de informação e comunicação no setor de saúde, que conecta consultórios, hospitais, farmácias e outros prestadores de serviços. A TI é mantida pela Gematik (*Nationale Agentur fur Digitale Medizin*), agência nacional responsável por impor padrões obrigatórios para componentes e serviços de TI, buscando garantir a segurança e a interoperabilidade. Agora, o aplicativo *E-Rezept*[150] passa a fazer parte dessa infraestrutura. Na prática, o médico deve criar a receita em seu sistema (*Praxisverwaltungssystem*); ao assiná-la, as informações são automaticamente armazenadas na TI e criptografadas com segurança; os pacientes, com o código de prescrição fornecido pelo médico, podem acessar a receita através do aplicativo em seu smartphone, e podem enviá-la à farmácia de preferência; o farmacêutico, então, também a partir do

---

[148] De acordo com o Manual de Orientação do CFM, de 2020, o registro eletrônico da dispensação é necessário no caso de medicamentos sujeitos a controle especial. Cf.: http://www.crfsp.org.br/documentos/materiaistecnicos/ManualOrientacao-PrescricaoFarmaceutica.pdf

[149] Cf.: https://www.imtest.de/122811/news/erezept-erste-testphase-ein-grandioser-flop/

[150] Cf.: https://www.gematik.de/anwendungen/e-rezept#:~:text=Das%20E%2DRezept%20kommt.,bei%20jeder%20Apotheke%20eingel%C3%B6st%20werden.

código informado pelo paciente, aciona a respectiva receita por seu sistema de gerenciamento de mercadorias (*Warenwirtschaftssystem*) e dispensa o medicamento.

Quanto à questão do acesso, o país parece ter se preocupado mais efetivamente com os três pontos envolvidos na prescrição eletrônica. De início, destaca-se que cada um dos atores envolvidos possuem um cartão de identificação. Para fazer o login, o paciente precisa se registrar ou com o seu cartão de saúde eletrônico (*Elektronische Gesundheitskarte*, eGK[151]) e PIN ou através do aplicativo de seu seguro de saúde pessoal. Além disso, a partir de 2023, também será possível resgatar a receita com o cartão eGK diretamente na farmácia por meio de leitores específicos. Já os médicos possuem um cartão de profissional de saúde (*Heilberufsausweis*) e, no momento de criação da assinatura qualificada, o sistema deve utilizar de técnicas de verificação adicional como a exigência de um PIN simples, uma impressão digital ou um token de segurança. Há, no entanto, uma alternativa, a chamada assinatura de conveniência (*Komfortsignatur*), que permite que até 250 assinaturas sejam utilizadas em um dia antes de o PIN ser novamente exigido. Do lado da farmácia, finalmente, os profissionais também precisam do cartão profissional de saúde para registrarem a dispensação do medicamento e, ainda, do chamado cartão da instituição (SMC-B), que estabelece a ligação com a infraestrutura telemática. Em regra, basta que seja utilizada uma assinatura simples no momento da entrega do medicamento.

Outras curiosidades importantes: as prescrições são criptografadas várias vezes durante a transmissão digital, de modo que apenas quem possui o código específico consegue acessá-la. Finalmente, em relação ao tempo de retenção dos dados, importa notar que as prescrições são excluídas automaticamente 100 dias após o regate; aquelas que não foram resgatadas serão automaticamente excluídas 10 dias após seu vencimento. Essas informações não são claramente indicadas no caso das plataformas atuantes no Brasil, inexistindo previsão quanto à duração do armazenamento dos dados.

O *Electronic Prescription Service* na Inglaterra

No caso da Inglaterra, o serviço de prescrição eletrônica (*Electronic Prescription Service*) tem sido ofertado no âmbito da NHS, o sistema nacional de saúde. Após intensos e rigorosos testes envolvendo diversos consultórios e farmácias do país, o serviço começou a ser oferecido em 2019[152], por meio da *Spine*, considerada uma das maiores plataformas de saúde pública do mundo[153]. Ao contrário do sistema alemão e brasileiro, no entanto, no modelo inglês a receita é enviada

---

[151] O eGK é uma identidade digital que vem sido utilizada no país não só como meio seguro de autenticação para os aplicativos de saúde, mas também para uma video consulta, por exemplo. https://www.bundesgesundheitsministerium.de/themen/krankenversicherung/egk.html
[152] Cf.: https://www.gov.uk/government/news/national-roll-out-of-electronic-prescription-service
[153] Cf.: https://business.bt.com/why-choose-bt/case-studies/nhs-spine/

diretamente do consultório médico à farmácia escolhida pelo paciente. Caso a farmácia escolhida não possua o medicamento, é possível que a receita retorne ao *Spine* para ser utilizada por outro estabelecimento. Na ausência de indicação de uma farmácia específica, os pacientes recebem um token, em forma impressa, contendo um código de barras exclusivo, que pode ser escaneado para acesso à prescrição e dispensação do medicamento nas farmácias.

Além disso, uma novidade é o serviço de dispensação de repetição eletrônica (*Electronic Repeat Dispensing service*, eRD), lançado nacionalmente em 2019, que permite que o médico emita prescrições regulares de até 12 meses, que podem ser armazenadas no banco de dados no NHS. Assim, não há que se providenciar receitas repetidas, bastando que o paciente vá até a farmácia de costume para receber os medicamentos quando necessário. Na prática, o médico analisa se a situação de determinado paciente é adequada para esse sistema, revisa sua medicação e cria um regime de prescrições. Após assiná-lo digitalmente utilizando seu código de identificação pessoal, as informações são enviadas diretamente ao *Spine* e o sistema armazena todas as receitas sob o mesmo código de barras, porém, separadamente, com a devida identificação de periodicidade. Naquele momento, a primeira receita já fica disponível na farmácia indicada. Para retirar o medicamento, o paciente deve responder a quatro perguntas obrigatórias feitas pelo farmacêutico[154] para avaliar a dispensação do produto; após a liberação, é enviada uma notificação (*dispense notification*) ao *Spine*, permitindo a liberação das receitas seguintes[155] de acordo com suas datas.

Atenta ao Regulamento Geral para Proteção de Dados do Reino Unido (GDPR-UK), a NHS disponibiliza em sua página uma ficha que especifica as informações sobre o tratamento dos dados utilizados para fins das prescrições eletrônicas[156]. São indicados, por exemplo, a categoria dos dados utilizados, a base legal para seu tratamento, os direitos dos titulares e, principalmente, o tempo de armazenamento dos dados: 12 meses após a dispensação da prescrição ou após seu vencimento, caso não seja dispensada.

Quanto à questão do acesso à prescrição eletrônica, no caso da Inglaterra, não há que se preocupar com o ponto de vista do paciente, uma vez que este não tem acesso direto à prescrição. Sob a óptica do médico, a assinatura da receita se dá por meio de seu cartão inteligente (*smart card*) e de senha. Os cartões são designados por autoridades de registro (*registration authorities*) e emitidos

---

[154] Esse passo serve para identificar, por exemplo, se o paciente começou a tomar algum outro medicamento que possa interferir no seu de uso contínuo; ou se há registros de efeitos colaterais, por exemplo.

[155] Cf.: https://www.nhsbsa.nhs.uk/pharmacies-gp-practices-and-appliance-contractors/prescribing-and-dispensing/electronic-repeat-dispensing-erd

[156] Cf.: https://digital.nhs.uk/about-nhs-digital/our-work/keeping-patient-data-safe/gdpr/gdpr-register/electronic-prescription-service-eps

pelo *Care Identity Service,* aplicativo unificado que fornece um único local para todas as atividades da autoridade. Funcionando como um cartão bancário, o *smartcard* — que pode ser físico, digital ou virtual — possui um chip e uma senha, permitindo que os profissionais acessem informações clínicas adequadas à sua função. É possível assinar as receitas individualmente ou selecionar várias para assinar em massa. Quanto ao acesso pelas farmácias, como a nomeação é feita pelo próprio paciente, não há sistemas específicos para acesso das prescrições encaminhadas ao *Spine*; inclusive, elas devem ser baixadas no sistema da farmácia antes de serem dispensadas e esse processo pode ser feito automaticamente, para que a farmácia já esteja preparada para a chegada do paciente.

Considerações finais (por ora) sobre o modelo brasileiro

Diante da necessidade de formas alternativas de prestação de cuidados em saúde, considerando-se a pandemia do coronavírus e a migração geral das relações sociais do meio analógico para o digital nos últimos anos, as prescrições eletrônicas tornaram-se imperativas. A rapidez no desenvolvimento desses sistemas, no entanto, deve ser acompanhada de uma adequada preocupação com a proteção dos dados pessoais, e sobretudo, dos dados sensíveis dos pacientes. Nesse caso, uma das principais formas de se salvaguardar os direitos dos titulares é garantir que o acesso a esses dados esteja disponível estritamente para pessoas diretamente envolvidas no processo de prescrição: o médico responsável, o farmacêutico e o paciente.

No caso brasileiro, pode-se observar que, até o momento, apesar da exigência de utilização de assinaturas eletrônicas qualificadas pelo médico prescritor, não há nenhuma verificação de segurança adicional nos outros pontos da rede, isto é, do farmacêutico e do paciente. A título exemplificativo, e em sentido contrário, o recente *e-Rezept* alemão conta com esquemas específicos de identificação desses dois atores; no caso do simplificado EPS inglês, apenas duas das partes possuem acesso à receita.

Ademais, no caso brasileiro, aspectos importantes sobre a forma e a duração do tratamento dos dados pessoais não ficam claros aos titulares nas plataformas de prescrição, como requerido pela LGPD. Diante da multiplicidade de portais que oferecem tais serviços, é imprescindível pensarmos acerca do estabelecimento de padrões técnicos em nível nacional, garantindo aos pacientes, titulares de dados pessoais, no mínimo o mesmo grau de segurança e proteção com o qual sempre contaram. Um sistema de prescrição eletrônica é tão urgente quanto essencial, mas é preciso cuidar para que sua implementação não implique quaisquer efeitos colaterais indesejados do ponto de vista da proteção dos dados dos pacientes.

Marco legal dos criptoativos: o que esperar do futuro das moedas virtuais

Amanda Cunha e Mello Smith Martins

6 de dezembro de 2022

A discussão vinha ocorrendo desde 2015, mas foi apenas no final de novembro de 2022 que foi aprovado o projeto de lei destinado a regular o mercado de criptoativos no Brasil[157]. O texto do PL 4.401/21[158] (antigo PL 2303/15[159]) foi aprovado pela Câmara dos Deputados, seguindo assim para sanção presidencial, a qual poderá ocorrer ainda neste ano. A notícia de que o Brasil está prestes a contar com um marco regulatório das criptomoedas chamou a atenção dos investidores, atentos aos impactos que a nova legislação poderá produzir, bem como das empresas, especialmente aquelas dedicadas à prestação de serviços envolvendo ativos virtuais, as quais serão obrigadas a adotar medidas específicas para que seja autorizada a atuação em território nacional.

Duas preocupações centrais motivaram o projeto de lei: a primeira delas, de ordem penal, e, a segunda, de ordem consumerista. Em ambos os casos, o que se pretende, em linhas gerais, é propor diretrizes capazes de garantir maior controle e maior segurança no mercado brasileiro de ativos digitais, tendo em conta a popularização das criptomoedas que vem ocorrendo nos últimos anos, a exemplo do Bitcoin (BTC). De fato, o texto aprovado é de 2021, mas, o projeto de lei original é de 2015 — ou seja, a preocupação com a regulação das

---

[157] Segundo dados levantados pelo Estadão, ao menos 27 países "já desenvolvem ou de alguma forma já avançaram em regulação cripto, sendo a principal preocupação o risco monetário que a lavagem de dinheiro e evasão de divisas trazem para o ecossistema financeiro". NICOCELI, Artur. Entenda o impacto da regulação do mercado cripto para os investidores. Estadão. 21/11/2022. Disponível em: <https://einvestidor.estadao.com.br/criptomoedas/impacto-regulacao-criptomoedas-investidores/>

[158] BRASIL. Câmara dos Deputados. Projeto de Lei n° 4401, de 2021. Dispõe sobre a prestadora de serviços de ativos virtuais; e altera o Decreto-Lei n° 2.848, de 7 de dezembro de 1940 (Código Penal), e as Leis n°s 7.492, de 16 de junho de 1986, e 9.613, de 3 de março de 1998, para incluir a prestadora de serviços de ativos virtuais no rol de instituições sujeitas às suas disposições. Disponível em: <https://www25.senado.leg.br/web/atividade/materias/-/materia/151264>.

[159] BRASIL. Câmara dos Deputados. Projeto de Lei n° 2303, de 2015. Dispõe sobre a inclusão das moedas virtuais e programas de milhagem aéreas na definição de "arranjos de pagamento" sob a supervisão do Banco Central. Disponível em: <https://www.camara.leg.br/proposicoesWeb/fichadetramitacao?idProposicao=1555470>

criptomoedas não é algo tão recente no Brasil[160]. Na verdade, na justificativa do referido projeto, é citado relatório especial do Banco Central Europeu (BCE) de outubro de 2012, no qual são destacados os riscos envolvidos nessa espécie de regulação[161].

A motivação de ordem penal está relacionada ao potencial de utilização de criptoativos em atividades criminosas, como lavagem de dinheiro ou ocultação de valores, ou como forma de remuneração por atividades ilícitas. A segunda motivação, de ordem consumerista, está ligada à vulnerabilidade dos consumidores que estariam "inadvertidamente expostos a riscos financeiros significativos e sem proteção legal alguma". Dessa forma, um dos objetivos da regulação do setor é oferecer uma maior proteção aos consumidores, atraindo a aplicação do Código de Defesa do Consumidor, e impondo exigências que permitam demandas as empresas prestadoras de serviços no judiciário nacional.

Apesar de mais abrangente, por tratar também de milhagem aérea, o texto original se resumia a quatro artigos, modificando algumas normas já existentes, o inciso I do artigo 9º da Lei 12.865/2013, que trata da competência do Banco Central[162], e o artigo 11 da Lei 9.613/1998, voltada aos crimes de lavagem de dinheiro e ocultação de bens e valores, e a qual criou o Conselho de Controle de Atividades Financeiras (Coaf)[163]. Ainda no texto original, ficava estabelecida a aplicabilidade do Código de Defesa do Consumidor às "operações conduzidas no mercado virtual de moedas".

O texto aprovado pela Câmara, e que vai seguir para sanção presidencial, por sua vez, procura regulamentar as pessoas jurídicas que prestam serviços ligados às

---

[160] "O texto aprovado é resultado da junção de três projetos de lei da Câmara e dois do Senado, incluindo um que tratava de programas de milhagem de companhias áreas, ainda antes da própria criação do Bitcoin em 2008. Os projetos ganharam apelo de parlamentares preocupados com a disseminação de pirâmides financeiras, como a do Faraó dos Bitcoins, que teria redundado em um prejuízo de R$ 19 bilhões (...)". VALOR. Câmara aprova PL das Criptomoedas sem segregação patrimonial. Valor Econômico. 29/11/2022. Disponível em: <https://valor.globo.com/financas/criptomoedas/noticia/2022/11/29/camara-aprova-pl-cripto-sem-segregacao-patrimonial.ghtml>

[161] BANCO CENTRAL EUROPEU (BCE). Virtual Currency Schemes — a further analaysis. Fev., 2015. Disponível em: <https://www.ecb.europa.eu/pub/pdf/other/virtualcurrencyschemesen.pdf>

[162] BRASIL. Lei nº 12.865, de 9 de outubro de 2013. Disponível em: <http://www.planalto.gov.br/ccivil_03/_ato2011-2014/2013/lei/l12865.htm>

[163] BRASIL. Lei nº 9.613, de 3 de março de 1998. Dispõe sobre os crimes de "lavagem" ou ocultação de bens, direitos e valores; a prevenção da utilização do sistema financeiro para os ilícitos previstos nesta Lei; cria o Conselho de Controle de Atividades Financeiras (Coaf), e dá outras providências. Disponível em: <https://www.planalto.gov.br/ccivil_03/Leis/L9613.htm#:~:text=LEI%20N%C2%BA%209.613%2C%20DE%203%20DE%20MAR%C3%87O%20DE%201998.&text=Disp%C3%B5e%20sobre%20os%20crimes%20de,COAF%2C%20e%20d%C3%A1%20outras%20provid%C3%AAncias>

criptomoedas, como troca, custódia, transferência ou administração desses ativos. As empresas que se enquadrarem no conceito de prestadora de serviços de ativos virtuais, nos termos do PL, "somente poderão funcionar no País mediante prévia autorização de órgão ou de entidade da administração pública federal" (artigo 2º), e deverão observar diretrizes específicas, como a defesa do consumidor e a solidez das operações (artigo 4º).

O Projeto não estabelece qual será esse órgão ou entidade, por ser uma indicação de competência do Poder Executivo, enquanto o projeto é de iniciativa parlamentar. Contudo, parece claro que o Banco Central irá assumir esse papel, e tornar-se responsável por autorizar o funcionamento das prestadoras de serviços de ativos virtuais no território brasileiro[164]. Para isso, o órgão irá estabelecer condições e prazos para adequação das prestadoras, de, no mínimo, seis meses. Isso significa que, após a sanção presidencial, e a designação do órgão da administração pública federal responsável, todas as pessoas jurídicas que prestam serviços relacionados a ativos virtuais terão que dar início a um processo específico de adequação[165].

Em sua primeira versão, o PL era voltado especificamente à "inclusão das moedas virtuais e programas de milhagem aéreas na definição de 'arranjos de pagamento', colocando as criptomoedas sob a supervisão do Banco Central". O PL aprovado pela Câmara dos Deputados não fala em "moedas virtuais", mas em "ativos virtuais", e é voltado especificamente às prestadoras de serviços que atuam no ramo. As milhas aéreas, por sua vez, desapareceram do texto, que passou a ser voltado exclusivamente aos criptoativos e seus prestadores, e que exclui expressamente de sua aplicação "pontos e recompensas de programas de fidelidade".

Essa pequena alteração, substituindo "moedas" por "ativos", pode impactar o âmbito de aplicação da norma, que, embora não trate expressamente sobre tais

---

[164] "Artigo 2º As prestadoras de serviços de ativos virtuais somente poderão funcionar no País mediante prévia autorização de órgão ou de entidade da administração pública federal a ser indicada em ato do Poder Executivo. Parágrafo único. Ato do órgão ou da entidade da administração pública federal a que se refere o caput estabelecerá as hipóteses e os parâmetros em que a autorização de que trata o caput deste artigo poderá ser concedida mediante procedimento simplificado".

[165] "Artigo 5º Considera-se prestadora de serviços de ativos virtuais a pessoa jurídica que executa, em nome de terceiros, pelo menos um dos serviços de ativos virtuais, entendidos como: I - troca entre ativos virtuais e moeda nacional ou moeda estrangeira; II - troca entre um ou mais ativos virtuais;
III - transferência de ativos virtuais; IV - custódia ou administração de ativos virtuais ou de instrumentos que possibilitem controle sobre ativos virtuais; ou V - participação em serviços financeiros e prestação de serviços relacionados à oferta por um emissor ou venda de ativos virtuais".

questões, poderia recair não apenas sobre as criptomoedas, mas também sobre outros ativos virtuais, a exemplo de NFTs (Non-Fungible Tokens)[166]. Os NFTs, assim como o DeFi e a Web 3, outras temáticas pertinentes ao universo dos ativos virtuais, não foram abordados expressamente pelo texto do Projeto — o que não impede, por outro lado, que regras futuramente estabelecidas pelo órgão regulador venham a impactar tais questões.

O artigo 3º do PL define ativo virtual como a "representação digital de valor que pode ser negociada ou transferida por meios eletrônicos e utilizada para a realização de pagamentos ou com o propósito de investimento", e exclui algumas espécies de ativos de seu âmbito. Assim, ficam expressamente fora do escopo do PL as moedas nacionais e estrangeiras, bem como as moedas eletrônicas trazidas no texto da Lei 12.865/2013, os pontos e programas de recompensa ou fidelidade (presentes no texto original), e representações de ativos já previstos em lei, como valores imobiliários e ativos financeiros (os criptoativos considerados como valores mobiliários ficarão sob a alçada da Comissão de Valores Mobiliários[167]).

Diante disso, cumpre indagar se uma empresa que intermedia a venda de NFTs, e, portanto, presta serviços de ativos virtuais, estaria sob o âmbito da nova lei; as criptomoedas, nesse contexto específico, poderiam surgir apenas como um meio para compra ou venda de outra espécie de criptoativo, este sim objeto da prestação de serviços daquela empresa.

É bem verdade, no entanto, que tais questões possuem particularidades relevantes, ensejando a necessidade de regulação própria, e inviabilizando a aplicação automática de regras criadas para o contexto das criptomoedas. Sob essa perspectiva, o silêncio do texto sobre NFTs, DeFi e Web 3 é algo positivo. Mas, em um primeiro momento, parece possível que um consumidor invoque a aplicação (ainda que por analogia) de disposições voltadas às criptomoedas a outras espécies de ativos virtuais, não contemplados expressamente no texto do PL[168]. É possível que, com o desenvolvimento da jurisprudência sobre o tema, e

---

[166] "Artigo 3º Para os efeitos desta Lei, considera-se ativo virtual a representação digital de valor que pode ser negociada ou transferida por meios eletrônicos e utilizada para a realização de pagamentos ou com o propósito de investimento (...)".

[167] COMISSÃO DE VALORES MOBILIÁRIOS (CVM). Parecer de orientação CVM nº 40, de 11 de outubro de 2022. Os Criptoativos e o Mercado de Valores Mobiliários. Disponível em: <https://conteudo.cvm.gov.br/export/sites/cvm/legislacao/pareceres-orientacao/anexos/Pare040.pdf>

[168] Uma possível defesa contra tal argumento, por parte da empresa envolvida, poderia residir no Artigo 3º, que exclui expressamente de seu escopo "III - instrumentos que provejam ao seu titular acesso a produtos ou serviços especificados (...)".

com a edição de normas pelo órgão regulador designado, o escopo do marco regulatório dos ativos virtuais torne-se mais claro[169].

Também há uma grande expectativa, quanto à atuação do órgão regulador, em relação aos critérios e prazos que serão fixados para as pessoas jurídicas que prestam serviços de ativos virtuais no Brasil. Recém encerrada a adequação à LGPD, as empresas estão preocupadas em se adequar a uma nova norma[170] — sem saber, ainda, quais serão exatamente as ações e medidas que terão de adotar. No entanto, mesmo que sancionada ainda neste ano, a lei levará seis meses para entrar em vigor[171]; quanto aos critérios e prazos de adequação, quando definidos, não poderão ser inferiores a seis meses, e serão precedidos por ato do Executivo indicando o órgão responsável. Com isso, há tempo hábil para as empresas que, desejando manter sua atuação no Brasil, realizem as adequações necessárias, registrando CNPJ no país, e adotando outras ações para cumprir as novas diretrizes.

Para além da perspectiva dos consumidores e das empresas, o texto legislativo também traz alterações no âmbito penal. No artigo 10º do PL, é criado novo tipo penal, referente a fraudes "com a utilização de ativos virtuais, valores mobiliários ou ativos financeiros"[172], e também são alteradas a Lei nº 7.492/86 (que define os crimes contra o sistema financeiro nacional) e a Lei nº 9.613/98, prevendo aumento de pena de um a dois terços, se os crimes ali previstos foram cometidos por meio do uso de ativos virtuais. As preocupações com o financiamento de atividades ilícitas, corrupção, e lavagem ou ocultação de valores, estiveram presentes desde o início do processo legislativo, e se mantiveram na versão final do Projeto, revelando a busca por maior segurança jurídica no setor como um todo.

---

[169] Artigo 5º: "Parágrafo único. O órgão ou a entidade da administração pública federal indicada em ato do Poder Executivo poderá autorizar a realização de outros serviços que estejam direta ou indiretamente relacionados à atividade da prestadora de serviços de ativos virtuais de que trata o caput deste artigo".

[170] A segurança da informação e a proteção de dados pessoais também constam entre as diretrizes obrigatórias a serem observadas pelas empresas prestadoras de serviços de ativos virtuais, colocando-se a urgência na adequação à LGPD, para aquelas empresas que ainda não o fizeram, ou que se encontram em uma fase intermediária em termos de maturidade em governança de proteção de dados.

[171] O Artigo13 prevê vacatio legis de 180 dias, contados a partir da publicação oficial.

[172] O Código Penal passa a vigorar acrescido do artigo 171-A: "Organizar, gerir, ofertar ou distribuir carteiras ou intermediar operações que envolvam ativos virtuais, valores mobiliários ou quaisquer ativos financeiros com o fim de obter vantagem ilícita, em prejuízo alheio, induzindo ou mantendo alguém em erro, mediante artifício, ardil ou qualquer outro meio fraudulento. Pena — reclusão, de quatro a oito anos, e multa".

Por outro lado, alguns pontos foram controversos, a exemplo da proposta de segregação patrimonial entre as empresas e os investidores, que ficou de fora da versão final do texto. Durante a tramitação do Projeto, no Senado, haviam sido incluídos dispositivos voltados à obrigatoriedade de tal segregação patrimonial. A longa tramitação ganhou impulso recentemente, após a quebra da corretora FTX, plataforma fundada por Sam Bankman-Fried, ocasionando prejuízos bilionários.

A discussão sobre a segregação patrimonial colocou as corretoras nacionais e estrangeiras em pólos opostos; enquanto as primeiras defenderam que a segregação evitaria insolvência por excesso de alavancagem, e reduziria o potencial de fraudes, as estrangeiras apontaram preocupações de ordem comercial, como a inviabilização de produtos, a exemplo do empréstimo e criptoativos, propondo, como alternativa, a constituição de fundos para ressarcir investidores, ou a exigência de provas de reserva. Ao final, a proposta de segregação foi rejeitada, o que não impede que seja retomada em iniciativas legislativas futuras.

Neste momento, em que a regulação infralegal assume posição de destaque, cumpre aguardar a indicação e as diretrizes do Banco Central, e, eventualmente, pelo Conselho Monetário Nacional (CMV), para analisar a efetividade das novas regras tendo em conta os objetivos acima colocados. Enquanto isso, cumpre reconhecer o valor do PL 4401/21 na condição de marco inicial da regulação dos ativos virtuais no Brasil, em busca de maior segurança jurídica, e indo ao encontro da governança esperada para um setor que ocupa espaço cada vez maior no cenário econômico brasileiro, e cuja importância não pode ser ignorada.

Legal Grounds e o debate sobre regulação de mercados digitais

Lucas da Silva São Thiago

27 de dezembro de 2022

Em dezembro de 2022, o Legal Grounds *Institute*, em parceria com a Embaixada Alemã no Brasil, realizou dois eventos sobre as novas regulações europeias de serviços digitais. Nesse sentido, o presente artigo se propõe a trazer as principais considerações acerca do webinário, que versou sobre o Digital Markets Act (DMA), ressaltando a importância deste tema no debate nacional.

O evento contou com a abertura de Emil Richter, representante da Embaixada da Alemanha e Ricardo Campos, professor da Goethe Uni Frankfurt e diretor do Legal Grounds. Como palestrantes, houve a presença do deputado federal João Maia, da professora da Humboldt Universitat Berlim, Heike Schweitzer, de Alexandre Cordeiro e Victor Fernandes, presidente e Conselheiro do Conselho Administrativo de Defesa Econômica (Cade), respectivamente. A moderação do webinário, por sua vez, foi conduzida por Juliano Maranhão, professor da Universidade de São Paulo (USP) e diretor do Legal Grounds *Institute*.

Emil Richter iniciou o evento agradecendo aos presentes, assim como enaltecendo a importância de um diálogo plurime sobre a temática. Nesse sentido, destacou a relevância do webinário apresentar diferentes realidades, tanto do Brasil quanto da Alemanha, uma vez que o compartilhamento de experiências de realidades distintas era fator determinante para o engrandecimento das discussões travadas, bem como para o fortalecimento dos laços entre os países supracitados.

Dada a fala ao professor Ricardo Campos, este iniciou sua exposição explicando o papel do Legal Grounds, assim como exaltando a sua importância enquanto instrumento de democratização de informações. Ademais, este relatou que, enquanto participante do governo de transição, uma das pautas principais do novo governo é a regulação das tecnologias, sendo de extrema importância a realização de debates, como os do webinário, para fins de amadurecimento das ideias.

Heike Schweitzer foi a primeira palestrante a expor suas ideias, tendo buscado apresentar, de forma sintética, porém significativa, sobre o Digital Market Act

(DMA) e a experiência europeia. Para tanto, separou sua fala em apresentar o contexto, objetivos e principais disposições do DMA.

A professora expõe que existem muitos desafios na economia da competitividade na época das plataformas, isto porque as grandes plataformas apresentam igualmente grandes posições de poder, tendo buscado atuar de forma a concentrar ainda mais o monopólio, inclusive, pela adoção de estratégias anticompetitivas, como aquisição de concorrentes em estágios de desenvolvimento.

Outro fator de extrema relevância, diz respeito à dificuldade na aferição dos danos aos consumidores e na aplicação das regras do direito concorrencial à situação, vez que se enquadram em uma ou outra questão, sem, contudo, haver uma forte incidência em um aspecto mais generalista. Dessa forma, alguns países como Japão, Estados Unidos e Inglaterra estão buscando conceber legislações para a mitigação da situação descrita, havendo, por parte da Europa, a concretização desta finalidade por meio da promulgação, em 2 de maio de 2023, do Digital Market Act (DMA).

A legislação tem como objetivo estabelecer um sistema regulatório forte e de rápida aplicação. Dentre suas principais metas, o DMA busca suprir as lacunas da legislação concorrencial na Europa, primando pela proteção do mercado interno, de forma a implementar um ecossistema aberto com possibilidade de concorrência justa para terceiros e, consequentemente, ampliando a liberdade de escolha para os usuários finais.

O deputado federal João Maia foi o segundo a tratar sobre o tema, tendo ressaltado o cuidado existente, por parte do corpo legislativo, na busca por regulamentar os mercados digitais. Nesse sentido, destacou que o projeto de lei brasileiro se inspirou bastante na regulamentação europeia, tendo como essência incentivar a competição sem inibir a criatividade e inovação. Ademais, dispôs pela desnecessidade de criação de um novo órgão para fiscalizar tais demandas, e sim capacitar a Agência Nacional de Telecomunicações (Anatel), para que passe a exercer tais funções.

Alexandre Cordeiro apresentou o Cade, tratando de sua relevância na prevenção e repreensão das infrações quanto à ordem econômica, e ressaltando que o referido Conselho não pratica a regulamentação, mas que tem um importante papel de auxílio e orientação, para as agências reguladoras, na elaboração de seus textos legislativos, exemplificando como o Cade atua. Ressaltou, ainda, a necessidade das novas regulamentações se atentarem para a viabilidade prática de suas disposições, bem como aduziu pela indispensabilidade do fortalecimento das instituições reguladoras, a fim de que estas tenham força para fazer valer a aplicação da legislação.

O último palestrante foi Victor Fernandes, que trouxe alguns relatórios, de autoridades e centros de pesquisa sobre economia digital, realizados no âmbito estrangeiro, destacando os principais diagnósticos que deveriam ser observados pelo Brasil no momento de regulamentação dos mercados digitais. Ademais, ressaltou que, cada escolha vem acompanhada de uma ou mais renúncias, e que, por isso, há a necessidade de definição precisa do "alvo" regulatório, isto é, de das legislações estrangeiras que serão analisadas, em atenção ao contexto de cada país e seus objetivos regulatórios.

Por fim, ressalta-se a participação do professor Juliano Maranhão como moderador, tendo feito importantes considerações, em especial, na pontuação das problemáticas que a regulamentação dos mercados digitais traz para o contexto brasileiro, assim como possíveis alternativas.

Legal Grounds *Institute*

São Paulo

2023.

www.ingramcontent.com/pod-product-compliance
Lightning Source LLC
Chambersburg PA
CBHW061323120726
48001CB00002B/670

* 9 7 9 8 3 7 5 0 0 1 3 6 4 *